Joseph Rissé

Franz Schubert und seine Lieder

Studien II. Goethelieder

Joseph Rissé

Franz Schubert und seine Lieder
Studien II. Goethelieder

ISBN/EAN: 9783744626095

Hergestellt in Europa, USA, Kanada, Australien, Japan

Cover: Foto ©Thomas Meinert / pixelio.de

Weitere Bücher finden Sie auf **www.hansebooks.com**

Franz Schubert
und seine Lieder.

Studien

von

Joseph Rissé.

II.
Goethe-Lieder.

Erfurt.
Verlag von Fr. Bartholomäus.

Seiner Königlichen Hoheit

dem Großherzoge

Karl Alexander

von Sachsen-Weimar-Eisenach

unterthänigst gewidmet.

Euer Königliche Hoheit

wolle huldreichst die folgenden Blätter empfangen, in welchen Studien über die durch Franz Schubert bewirkte musikalische Wiedergeburt einer Anzahl Goethe'scher Lieder niedergelegt sind. — Getragen von den Tönen Schubert's haben diese zu den höchsten Schätzen des deutschen Volkes gehörenden Lieder eine neue Phase des Lebens begonnen. Noch einmal und mächtiger als je tritt der Dichter dem Herzen seines Volkes in unmittelbarste Nähe, welcher von Weimar aus an der Seite eines Karl August ein halbes Jahrhundert lang sein wunderbar belebendes Gestirn leuchten ließ. — Möchte es mir gelungen sein, die Art, in welcher die beiden Liederheroen

Deutschlands durch die Kunst verbunden sind, wirksam darzulegen und wenigstens anzudeuten, welche Tragweite die Goethe'schen Lieder durch Schubert's Musik im Culturleben der Gegenwart gewonnen haben.

Wie mein Unternehmen aber gelungen sein möge: mein aufrichtiges Streben war es, mich der Gnade würdig zu erweisen, welche Euer Königliche Hoheit meiner Analyse der Schubert'schen Goethe-Lieder zuzuwenden geruht haben! —

Der Verfasser.

Hand in Hand steigen zwei Gestalten empor, vom Glanze der Unsterblichkeit umflossen! — Welche Verschiedenheit in der Erscheinung, bis in die geringsten Einzelheiten hinein sich behauptend! — Die eine Gestalt, hehr und gebietend, mit dem Jovis-Haupte, hochragend gleich den griechischen Göttern, führt einen kaum zu ihren mächtigen Schultern hinaufreichenden Genossen mit fast häßlichen, ausgequollenen Formen, welcher schüchtern das dunkellockige Haupt senkt und nur in den tiefglitzernden Augen erkennen läßt: daß in ihm die Gluth desselben prometheischen Feuers lodert, das aus den Blicken seines majestätischen Führers leuchtet. — Wer sie anschaut, den Einen, wie den Andern, dem tönt ihre Erscheinung die Worte zu: „In Hoc natura, quid efficere possit, videtur experta!" —

Es ist ein Dichter und ein Musiker, Johann Wolfgang v. Goethe und Franz Schubert, welche vor unseren Blicken schweben.

Ihre Erscheinung ist kaum so sehr verschieden, als der Lebensgang, der den beiden Unsterblichen beschieden war.

— Von seiner Geburt an bis zum voll und harmonisch ausklingenden Leben im höchsten Alter blieb Goethe unveränderlich der Liebling, welchem das Geschick in huldvollster Art seine schönsten Gaben spendete. Wer kann sich rühmen, ein solches reizvolles, weiteingreifendes, an Inhalt, Form und Gefühlsschwung reiches und an Gesammt-Harmonie unvergleichliches Kunstwerk „gelebt" zu haben als Goethe?

Bei Franz Schubert stand die Glücksgöttin seitwärts gewandt und nicht ein einziges Mal öffnete ein freundliches Lächeln die fest verschlossenen Lippen, um den sehnsuchtsvollen Wünschen des Meisters zu antworten. Das, was Schubert lebte, ist fast nur uneigentlich Leben zu nennen. Dies Leben zeigt uns die Zeit, welche der Knabe und der Jüngling für die Erlangung der Ausdrucksmittel seiner Kunst verwandte und sodann — folgt eine Zeit unablässigen, wunderbarsten Schaffens; bis der goldene Eimer zerlechzte am Born und der jugendliche Meister sein Haupt niederlegte, um zu schlafen in der Erde, in deren Lied ihn seine göttliche Kunst den Himmel ahnen ließ, wohinüber ihn sein Genius nun getragen. —

Was aber auch das Glück Goethe an Aeußerlichkeiten freigebig in den Schooß warf — es will nichts bedeuten gegen Das, was er war und was er selbst an eigenen Schätzen besaß und schuf! — Und immerhin mochte das Schicksal dem armen Schubert seine materiellen Spenden karg vorenthalten — sein Reichthum war doch so groß, um aller Berechnung zu spotten. Wie ungeheuer die Abstände zwischen dem Dichter und dem Musiker sich auch auf allen anderen Gebieten bemessen mochten, so waren beide auf dem Gebiete des künstlerischen Schaffens einander so nahe gestellt, um sich aufs innigste und untrennbarste mit einander verbinden zu können. Die anstaunungswürdige Kraft, welche diese Verbindung bewirkte, ward von dem noch im Jünglingsalter stehenden Musiker zu einer Zeit entfaltet, als der Dichter die höchste Staffel seines Weltruhmes und seines beispiellosen Einflusses auf seine deutschen Zeitgenossen bereits erstiegen hatte. — An einem Größeren konnte Schubert seine Musik nicht zu messen versuchen, denn Goethe war der größte Dichter, welchen nicht allein Deutschland, sondern die ganze damalige Zeit aufzuweisen hatte. Durch Goethe ward der Genius der deutschen Dichtung von den seltsamen und kleinlichen, aber starken Banden frei, die ihn bis dahin eingeschnürt hatten und stieg zur Höhe des nach Wahrheit und Schönheit ringenden Menschenthums empor. —

Unsere deutschen Dichtungen in der Periode, welche sich bis zu Goethe hinschleppte, waren Produkte aus der gelehrten Welt, die den Zusammenhang mit dem deutschen Volksgeiste fast sämmtlich verloren hatten. — Aus den Schriftstellern der Griechen weniger, als der Römer und aus den Nachahmern der letzteren, den französischen Dichtern erfloß für uns Deutsche die Quelle dichterischer Begeisterung. Wir waren von der Auffassung des Realen, die wir vor lauter formalen Studien in den Werken der Classiker nicht zu finden vermochten, so weit abgedrängt worden, daß die ehrsamen Perrücken-Poeten, Gellert an der Spitze, einen wahren Angstschrei der Ueberraschung und der Betäubung erhoben, als es der halberstädtische Anafreeen, Vater Gleim, von seiner Begeisterung für den großen Friedrich hingerissen, gewagt hatte, in den „Kriegs=liedern eines preußischen Grenadiers" den Ton anzuschla=gen, welcher durchaus keiner gelehrten Finessen bedurfte, um sich, als dem Innersten des deutschen Volkes selbst ent=quollen, zu legitimiren. Mit einem einzigen dieser im Leben wurzelnden Lieder ließ sich die Nichtigkeit der vom geistlosen Formalismus fast völlig erstickten deutschen Poesie beweisen. — Aber in den Trompeten= und Trom=melklang der „Grenadierlieder" stimmte kaum ein zweiter Dichter ein, wenn dies nicht Ramler war, der seinen weniger deutschen, als specifisch preußischen Patriotismus in die knapp gemessenen, antiken Schnürschuhe einzu=zwängen strebte. Innige, kindlich einfache Klänge, freudige bescheidene Harmonien schwirrten wohl verhallend durch die deutsche Luft; aber die Lieder Kleist's von der Schön=heit des deutschen Landes waren viel zu zart und unkräftig, um den, mit den wuchtigen gelahrten Zopf=Pantopolien bepackten deutschen Musenwagen auf eine neue Bahn zu reißen. —

Endlich erstand ein Dichter, der nur deutsch sein wollte; der begeistert Alt=Deutschlands Herrlichkeit in der Zeit vor dessen Cultur=Anfängen suchte, — Klopstock! — Er zeigte die Kraft und Würde, welche unserer Sprache innewohnt, stieg zu gewaltigen Gedanken empor; aber, mit verhängnißvoller Blindheit sich vom wirklichen Leben und seinem poetischen Inhalte abkehrend, nahm er die Bahn in Regionen, wohin ihm die Empfindung der Leser nicht zu folgen vermochte. — In seinem Messias schuf Klopstock sich eine eigene Welt, welche von unserer Denkkraft nicht wohl zu controliren ist; eine Welt, dem irdischen Menschen auf Sternenweiten entrückt, und, außer Verbindung mit demselben, ihre Wirkung auf seine Empfindung aufgebend. —

Eben an die Empfindung wandte sich der poetische Antipode Klopstock's, welcher unmittelbar dem Aufstrahlen des Goethe'schen Wundergestirns voranging — Christoph Martin Wieland. — Meister der antiken Formen der Dichtung, war er es, der das griechische und römische Leben erfaßt hatte, in welchem jene Formen aufgeblüht waren. Seiner eigenen Natur und dem frivolen Geschmacke seiner Zeit gemäß schaute Wieland die Alten mit dem Auge des Demokritos und noch häufiger mit dem lüsternen Blicke eines französischen Abbés an, der mit graziöser Leichtfertigkeit die Zuhörer für seine Stoffe zu interessiren vermag. Er gab seinen Zeitgenossen die Anschauung der feinsten, beweglichsten und zartesten Formen, die durch ihren Inhalt unwiderstehlich lockten, während Klopstock's Molosser-Schritt auf die genußbegierigen Leser wirkte, wie eine Klapper auf eine Schaar munterer Vögel. —

Zwischen beide trat, gedankenmäßig die Extreme verbindend, G. E. Lessing. Er erschloß das Wesen des Alterthums, indeß er zugleich die zur Silbenstecherei herabgekommene Philologie und Poeterei für immer auf den Sand streckte. — Mit Winckelmann's Kunstforschungen in der Hand, wies er in der antiken Kunst das volle, wogende, sprühende Leben des Alterthums nach, welches die Philologen und die bis zur ernirten Metrik gelangten deutschen Dichter bis dahin in den Poeten Griechenlands und Roms nicht aufzufinden vermocht hatten. Und kraft eben der Grundlagen jener unsterblichen Lorbeerbekränzten, welche so lange durch ihre hölzernen Nachahmer vermehrt waren, wies Lessing die deutschen Dichter auf das Leben hin, in welchem sie standen und athmeten — und auf die höchste künstlerische Darstellung dieses Lebens durch das Wort im Drama. —

Auf Lessings gewaltigen Ruf antworteten die heißblütigen Jünglinge des Hainbundes, mit Bürger an der Spitze, — antwortete Goethe.

Johann Wolfgang Goethe ward 1749 in Frankfurt a. M. als der Sohn eines kaiserlichen Rathsherrn und als der einzige Sohn desselben geboren. Er war zwar ein Sohn des Volkes, aus Bürgerstamme; aber der Reichthum hob ihn gleich von der Geburt an über jede enge Beschränkung seines Lebens hinaus. Früh schon hatte er eine bedeutende formale Bildungsstufe erreicht, während der ihm innewohnende poetische Drang liebevoll gehegt worden war. — Es ist ein unvergleichlich helles, ja sonniges Bild, das der Knabe Goethe darbietet. Hier ist nichts von angekünstelter, treibhausmäßiger Frühreife; nichts von vorzeitigen Früchten, welche verkümmert aus hervorgenöthigten Blüthen erwachsen. Die Gesundheit der geistigen und seelischen Kräfte des Götterknaben, die Vielseitigkeit und Gründlichkeit seiner Bildung haben etwas Wunderbares und die Harmonie seines ganzen Wesens besitzt dasselbe im höchsten Grade. — Wie auch der Jüngling in holden Verirrungen dahin segeln mag, mit dem sanften Westwinde und dem Sturm um die Wette, — die göttliche Flamme auf seinem Scheitel schwankt kaum, erlischt nie und zeigt bald klarer als je den Weg der in ewiger Harmonie thronenden Götter. —

Goethe's Studien als Jüngling waren umfassend und doch keineswegs oberflächlich. — Sprachen, Rechtswissenschaft, Alterthumskunde, die Welt der antiken Gottesideen, als gedankenmäßige Verselbstständigung der Natur, Philosophie, Theologie, Alles sucht der Feuergeist zu erfassen und er stempelt das, was er berührt, mit seinem eigenthümlichen Gepräge, ohne selbst von irgend einem Gegenstande des Wissens das Zeichen des Gefangenen oder Ueberwundenen anzunehmen. —

Die Mächtigkeit von Goethe's Natur war unbesieglich nicht nur, sondern sogar unantastbar. Es muß einen Grund dafür geben, gewaltiger sich erweisend, als Alles, mit dem er rang, um sich dasselbe zu eigen zu machen. Ist dies außer Zweifel, so ist die Macht unschwer gefunden: es ist das Princip, welches die weisen Heiden, wie wir Monotheisten, als den Urgrund aller Dinge erkennen, — die Liebe mit ihrer gestaltenden Kraft, mit ihrer unbezwinglichen Neigung zu allem Lebendigen; die Liebe, welche uns Erdenwaller befähigt, in der von uns erfaßbaren Natur und in der Welt irdischer Gedanken die Gesetze des Alls aufzufinden, ein mikroskopisches Bild des Unendlichen aufzubauen und uns desselben mit vollster Empfindungskraft zu erfreuen. —

Bei dem jugendlichen Goethe liegt diese Liebesmacht, spendend und genießend, zu Tage — aber auch in dem

Greise ist es nachzuweisen, daß ein halbes Jahrhundert mit seiner heranschleichenden Krystallisation das auf Liebe so göttlich angelegte Wesen nicht zu überwältigen vermochte. —

Aus dem Kern der tiefsten Innerlichkeit Goethe's, eben aus dieser schaffenden Liebesmacht, wuchsen die Blumen seiner Dichtungen hervor. Kein Wunder, daß sie an Lebendigkeit und Wahrheit, an bezauberndem, rührendem Reiz nicht übertroffen werden konnten und nicht zu übertreffen sind — es stiegen denn die Göttlichen selbst hernieder, welche lebendige Gestaltungen zu sprechen vermögen, anstatt des Wortbildes, das bei dem Dichter die Stelle derselben vertritt.

Dies eigenste Wesen Goethe's prägt sich in jeder Zeile aus, welche seiner Feder entfloß. Wir brauchen nicht auf seine großen Werke hinzuweisen, wo geheimnißvoll und doch unübersehbar die funkelnden Banner der Liebesmacht winken. Wollen wir aber die ganze hinreißende Pracht dieser Welt voll Schönheit und Liebe bewundern, so sind es Goethe's Lieder, die wir betrachten, durchempfinden, durchleben müssen. — Es sind wahrhafte Sonnenstrahlen in wunderbarer Weise sich brechend und die Gegenstände beleuchtend und färbend, durch gebrochene Töne stets zur klaren Harmonie hin den ätherischen Pfad findend, — Sonnenstrahlen, von unfehlbarer Macht, unser Inneres zu erhellen, wie sie des Dichters Welt umglänzen; bei denen es nicht darauf ankommt, ob sie kürzere oder längere Zeit leuchten, da sie bereits im Augenblick ihres ersten Erscheinens ihre Wirkung als Sonnenlicht ausüben. — Wir erquicken uns länger an den größeren Liedern und liedförmigen Dichtungen Goethe's, als an den gar kleinen, wenige Zeilen enthaltenden; aber wir sehen in dem kleinsten Liede völlig so genau, als in dem größeren und die Kraft der ersteren bewirkt ein ebenso volltönendes Ausklingen der plötzlich erregten Empfindungen, als führte uns der Dichter selbst einen weiteren Weg durch seinen Blüthengarten, wo die Blumen auf seinen Wink in wundersamen Weisen erklingen. —

Bereits vor seinem sehr frühzeitigen Abgange zur Universität war der junge Goethe nach seinen späteren gelegentlichen, halbironischen Aeußerungen überzeugt, daß er ein „Poet" sei — eine Bezeichnung, mit welcher sich damals ein anderer Begriff, als derjenige eines Dichters nach unserer jetzigen Auffassung verband. Ein Poet mußte zu allererst fertig reimen, sodann der gängigen poetischen Sprache mit ihren der Antike und den Franzosen abgeborgten Metaphern und Allegorien mächtig sein, um seine Stoffe in jene, ausschließlich für poetisch geltende Welt zu transferiren, und zum Letzten mußte dem Poeten, seinen Mäcenen und „dem artig gebildeten Frauenzimmer" gegenüber, eine reichliche Dosis von galanten und submissen Einfällen zu Gebote stehen.

Der erste Aufschwung Goethe's auf seinem zur Sonnenhöhe anstrebenden Dichterfluge lag in dem klaren Erkennen der Nichtigkeit seiner ersten dichterischen Versuche. Das bloß Angelernte, Nachgeahmte löste sich mit merkwürdiger Leichtigkeit von seiner Psyche ab und selbst ohne einen Blick des Bedauerns sah der Jüngling das Unwahre, nichtige lautlos zur Vergessenheit hinabsinken. Aus der Tiefe seines Innern hob sich die Macht des ihm eigensten Gefühls und zwischen seinem erwachenden Genius und der Außenwelt hatte der elektrische, geistige und seelische Rapport begonnen, der kein Fremdes in der inneren Welt des werdenden Dichters duldete. — Die Periode des Ueberganges aus der Region der poetischen Automaten in diejenige des w a h r e n Dichterthums kündigt sich bei G o e t h e, dem sonst stürmisch lebenslustigen Jünglinge, durch folgende, fast kindlich naive Strophe an:

„Es ist mein einziges Vergnügen,
Wenn ich entfernt von Jedermann
Am Bache, bei den Büschen liegen,
An meine Lieben denken kann."

Hier ist nicht eine Spur des aufgebauschten Schwulstes vorhanden, wie solchen der „Poeten=Styl" damaliger Zeit nicht entbehren zu können meinte; ja der Schmuck der vier Zeilen ist bis zu rührender Einfachheit concentrirt. —

Die Liebe zu einem reizenden, lebhaften Mädchen, das Geist genug besaß, um G o e t h e anzuziehen, ohne sich doch des funkelnden Sternes bemächtigen zu können, die Liebe schaut wohl in dies wunderbar ergreifende Aufblühen der Lotosblume der Dichtung bei G o e t h e herein; aber sie ist nicht, wenigstens nicht in d e r Form, wie die Liebe hier auftritt, mächtiges, bewegendes Princip. Das ist die im Dichter aufquellende Liebesmacht selbst, die Seele seines späteren Lebens und Schaffens. —

Wie hoch Goethe bereits gestiegen war, bevor er nur begann, wahr und wirklich die Bahn des Dichters zu be=

treten, tritt in ganz eigenthümlicher Weise uns in den Zeilen nahe, die dem Jünglinge fast unwillkürlich entschlüpfen, als er seinen bisher von ihm sorgfältig aufgebauten Parnaß, auf welchem er als Apollo gethront hatte, vor sich versinken sieht. —

> „Ganz and're Wünsche steigen jetzt als sonst,
> Geliebter Freund, in meinem Busen auf — —
> — — — — Ach du weißt, mein Freund,
> Wie sehr ich, und gewiß mit Unrecht, glaubte,
> Die Muse liebte mich und gäb' mir oft
> Ein Lied. Es klang von meiner Leyer zwar
> Manch stolzes Lied, das aber nicht die Musen
> Und nicht Apollo weih'ten. Zwar mein Stolz
> Der glaubt' es, daß so tief zu mir herab
> Sich Götter niederließen, glaubte, daß
> Aus Meisterhänden nichts Vollkomm'ners käme,
> Als es aus meiner Hand gekommen war" — —

Es liegt Erhabenes in dem Wahrheitsdrange, mit welchem Goethe alles bloß Fictive, das nur Gemachte und Erheuchelte von sich abstreifte, um ungetrübt, unverdeckt, in die Tiefen der eigenen Seele schauen zu können. — Die Lieder, die er von jetzt an singt, gehören ihm selbst voll und ganz an, wie sein Leben, sein Lieben und Leiden — und in höchst bedeutsamer Wechselwirkung gebiert bei Goethe jetzt das Leben seine künstlerischen Abbilder — Lieder — und die Lieder fluthen zum innersten Lebensquell des Dichters zurück, die geheimen Kräfte desselben verstärkend und verjüngend. — Es ist nicht möglich, daß ein Dichter solcher Art in irgend einer Hinsicht als Nachahmer fremder Eigenthümlichkeiten erscheinen könnte, oder

daß derselbe, die künstlerischen Resultate seiner Erlebnisse
wieder in das reale Leben hinüberführend, und so einer
göttlichen Lebekunst huldigend, nicht zu den höchsten
irdischen Culturstufen hätte hinansteigen sollen! —

Gleich dem Vogel, welcher sein erstes Lied leise singt,
dann lange schweigt, bis er plötzlich die ganze Schönheit
entfesselt, welche sein Liederstrom besitzt, schwieg Goethe
fast völlig, bis nach einigen, die Kehle und den Athem
prüfenden, von heller Lust am Sange kündenden Läufern
und Cadenzen von Friederikens Hand der Lieder-
frühling erschlossen wird. Ein Lied des Liedes wegen,
Sangeslust am Sange selbst höher zu entzünden, ist der
„Musensohn."

„Durch Feld und Wald zu schweifen,
Mein Liedchen wegzupfeifen,
So geht's von Ort zu Ort."

Der überaus mächtige Zug, durch welchen Goethe
sich stets mit der Landschaft in ihrer wechselnden Erscheinung in innigste Verbindung zu setzen strebt, bricht auch
in diesem vollkräftigen Aufjauchzen eines edel gebildeten
Jünglingsherzens sofort hervor.

„Ich kann sie kaum erwarten,
Die erste Blum' im Garten,
Die erste Blüth' am Baum!
Sie grüßen meine Lieder
Und kommt der Winter wieder,
Sing' ich noch jenen Traum."

Es ist eine unwiderstehlich ewig neue Liebessehnsucht,
der wir bei Goethe auf Tritt und Schritt begegnen, die

schlummernden Gefühlsaccorde in seinem Innern wecken zu lassen durch die sichtbare Musik der Formen und Farben und Lichter der Landschaften, von denen keine auf ihn gewirkt haben, gleich unseren deutschen. Wohin er blickt in Feld und Wald, Berg und Thal, überall trifft sein Auge fertige Bilder, rund abgeschlossen, wunderbar sich selbst genügend. Er kommt jeder landschaftlichen Form, ja jedem unscheinbaren Blümchen mit der vollen Inhaltsmacht seiner bewußten Empfindung entgegen und verleihet den Erscheinungen inneres Wesen und damit die Kraft, auf uns zu wirken, wie auf den Dichter.

Das Einfachste ist, mit der Psyche Goethe's ausgestattet, welche durch die charakteristische Gliederung der Empfindung dieselbe verdeutlicht und in die Region der Kunst hebt, von größter Wirkung. — Einfacher, als das „Haideröslein" giebt es kaum ein Lied. — Und mit welcher Wucht legt sich der schalkhaft die ewige Weltordnung umschleiernde Inhalt des Gedichtes, eben seiner duftigen, lieblichen Einfalt wegen, an unser Herz! —

Aus den Liedern der Sesenheimer Liebe quillt in wunderfüßer Sprachmusik und in vollendetster Gestaltung die unvergleichliche Pracht des Liebeslenzes. — Wohl mochte Friederike singen:

„Vom Wald bin ich kommen, wo's stockfinster ist:" —

denn wie ein Maisonnenstrahl trat sie in den Tag Goetheschen Lebens ein. Als „Poet" hatte Goethe manches Maigedicht geschrieben; aber jetzt sang der Dichter den Maigruß, die Lebens- und Liebeswonne ausströmend,

welche selbst ihm, dem olympisch Bewußtvollen, als ein
holdes Mysterium erschien. — War je in Goethe ein
Schatten von einer bloß fingirten Empfindung, oder der
jugendliche Drang, in süßer Täuschung selbstgeschaffene
Gegenstände als Zielpunkt sehnsüchtigen Verlangens an=
zuschauen, so verschwand dies spielende Zurückfluthen des
Stromes der Gefühle zu seiner Urquelle, seit Friederike,
eine der holdseligsten und liebereichsten Mädchengestalten,
ihm die unbemeßbaren Schätze zärtlicher, weiblicher Hin=
gebung erschloß. — Das Lied:

„Es schlug mein Herz; geschwind zu Pferde" —

bezeichnet den Anfang dieses mit ewig jungem Zauber um=
gebenen Eintrittes in das Reich der von Jugend und
Schönheit umschlungenen Liebe. — Die Schilderung des
nächtlichen Rittes durch Wald und Flur, der Contrast der
fast unheimlich anmuthenden Scenerie mit dem vor Glück
wahrhaft schimmernden Innern des Reiches und der
wie ein duftiger Schleier über der Schilderung schwebende
Hauch des Vorgefühls, daß diese Seligkeit nur kurz von
den freundlichen Mächten bemessen sein könne, endlich der
hinreißende Willkommen und Abschied — das Alles ist
so unmittelbar unter dem Eindrucke des Lebens geschrieben,
daß der Gedanke nicht aufkommt: Goethe schildere hier
aus der Erinnerung heraus, die zu einem beruhigten Ab=
schluß gekommen sei. —

Das Gedicht: „Kleine Blumen, kleine Blät=
ter" ist an Zartheit des Wohlklanges vielleicht nie über=
troffen und bedünkt uns wie Blumenketten, in denen das
Herz Friederikens auf ewig gefangen werden mußte. —

„Hand in Hand und Lipp' auf Lippe" und „Erwache, Friederike!" geben einfache Stimmungs= accorde der Rosenzeit Goethe's, neben denen aber, wie Aeolsharfengetön, Alles mitklingt was verschwiegen wurde. „Ein grauer, trüber Morgen" greift elegisch in die lichtvolle Stimmung ein, die in schmerzlichen Dissonanzen ausklingt und erst spät ihren reinen, friedeathmenden Accor= denschluß finden sollte. — Gewiß hat die Sesenheimer Periode Goethe's in seinen Gedichten nur einen unvoll= kommenen Ausdruck gefunden. An dem, was Goethe dich= terisch mittheilte, läßt sich indeß fühlen, daß jene Liebeszeit solche Schätze in sich schloß, um sich der Beherrschung durch die erinnernde Reflexion zu widersetzen. — Das Streben Goethe's, Alles, was ihn erfreute, quälte oder sonst beschäftigte, in ein Bild, ein Gedicht zu verwandeln und darüber mit sich selbst abzuschließen, stammte schon aus der Leipziger Zeit des Jünglings; aber keines der vorhin be= zeichneten Sesenheimer Gedichte — um den Ausdruck zu gebrauchen — trägt den Stempel, als sei es dem Dichter darum zu thun gewesen, sich im Innern zu beruhigen. — Sein Inneres drängte ihn vielmehr, die entzückende Musik der tiefsten Empfindungen nicht verstummen zu lassen und er schmückte das Herrliche, was ihn durchglühte, mit einem Liede, wie mit einer farbenfunkelnden Krone. Es ist nicht selten ausgesprochen worden, daß die Sesenheimer Periode verhältnißmäßig dürftig durch Lieder vertreten sei und daß jener Blüthengarten des Brion'schen Pfarrhauses wenige Honigtropfen in sich getragen haben müsse; aber Goethe's Lieder wären eben weniger beredt, wären sie länger aus=

gesponnen und weniger inhaltreich, wenn sie nicht so Vieles
verschwiegen. Das echt dichterische Mittel, sich Ruhe
und Meisterung der leidenschaftlich erregten Seele zu er=
singen, konnte kaum gewählt werden, wo sich das Erlebte
selbst, das Motiv der Seelenbewegung, als ein nicht zu
überbietendes, wunderliebliches Gedicht anschauen läßt. —
Goethe, welcher in rührendem Klageton das Hinschwin=
den der schönen Tage im Pfarrhause von Sesenheim mit
dem Liede „Erster Verlust" feierte, fand an der Hand
Friederikens selbst die richtige Stellung, um mit be=
ruhigtem Blicke auf seine Rosenzeit zurückschauen zu können;
aber es war immer nur eine, vom Verstande als Nothwen=
digkeit dictirte Beruhigung und noch im höchsten Alter um=
rankte ihn der Sesenheimer Traum mit unwiderstehlichen
Feen=Armen. Wie viele der schönsten Töne und Accord=
Folgen in Goethe's späteren, auf ganz andere Gegen=
stände sich beziehenden Gedichten mögen aus Sesenheims
Tagen herübergeklungen sein! —

An den nicht zur Beruhigung gelangten Zwiespalt im
Busen des Dichters erinnert das jedenfalls geschraubte
Verhältniß zu Charlotte Buff, in welchem sich erkennen
läßt, daß Das, was der Dichter an Empfindungen aus=
strahlte, zumeist zu ihm zurückkehrte, ohne den mächtig an=
ziehenden Pol gefunden zu haben. — Das Gedicht, welches
sich zu Charlotte Kestner in Bezug setzt, ein einziges,
ist bezeichnend genug ein Epigramm. — Hier ist die Zeit
von Wetzlar nur deshalb erwähnt, weil die ganze Herr=
lichkeit des liebenden Herzens von Goethe sich in seinen
Beziehungen zu dem Kreise von kleinen Kindern offenbart,

der ihn in Wetzlar täglich umgab. Und doch hatte Goethe mit Titanenkraft sich die Bahn eröffnet, welche er gleich einem herrlichen Gestirn wandeln sollte — das von eiserner Kraft zeugende Drama „Götz von Berlichingen" mit seiner erschütternden Empfindungswelt war bereits geboren! —

Der Ton der Nachtigal ward wieder in Goethe's Liedern laut, als Elisabeth Schönemann, die gefeierte Lili, sein Inneres zu neuem Leben erweckte. Aber es muß nicht die Maiensonne sein, welche leuchtet, denn elegisch mischt sich in den Liebessang ein Seufzer, als wenn ein Herbstlüftchen säuselt. Im Gedicht „Herbstgefühl" kommt dies zu vorherrschendem Ausdrucke, wenn er die Trauben an seinem Fenster anredet:

> „Euch kühlet des Mondes
> Freundlicher Zauberhauch
> Und Euch bethauen, ach!
> Aus diesen Augen
> Der ewig belebenden Liebe
> Vollschwellende Thränen!"

Selbst das im tiefsten Grunde der Empfindungen von Hoffnung gehobene Lied: „Neue Liebe, neues Leben" athmet diese, aus verborgener Quelle zu Tage dringende schmerzlich süße Beklommenheit — den herbstlichen Wolkenschatten über den reizenden Formen der Edens=Landschaft. — Es ist wie ein Nachzittern des Werther, dem mit zuckendem Herzen geschriebenen Epigramm über eine Zeit, in welcher Goethe die gefährliche Versuchung bestand, ein Leben zu leben, das nicht in ihm selbst, sondern in den Seelen Anderer seinen letzten Grund suchte — Seelen, die

nicht dazu angethan waren, ihr Eigenleben Goethe zu
übertragen, so daß er in ihnen sich selbst hätte wieder=
finden können. —

Seine Kraft hatte ihn bereits zu solchen Bahnen der
Psyche geführt, auf denen die Zahl der Wanderer mit zu=
nehmender Höhe kleiner wird. — Es war die erste Zeit
des „Faust," damals als der „König von Thule"
sein Lied sang vom heiligen Liebes=Graal, als Lili ihre
Herrschaft über das Herz des Dichters antrat. — Für
Goethe hatte diese Liebe jedenfalls völlig bewußte Empfin=
dungs=Kategorien, während Lili, eine Sechszehnjährige, die
Schwelle noch nicht überschritten hatte, wo die geheimniß=
volle Gewalt der Liebe, dem Bewußtsein gegenüber sich
verhüllend, unserer Empfindungen sich bemächtigt. — Für
Lili schien der liebende Dichter nur eine neue, große Puppe
zu sein, die Anderen Neid einflößen konnte und ebenso
souverain behandelt werden durfte, wie die alten Puppen
in Flügelhauben und Seiden=Contouches. — Goethe
mochte ihr mit Recht das „Nachtlied" singen, damit
Lili im Schlafe ihrer Launen vergesse. —

Lange aber duldete die göttliche Psyche des Dichters
dies mit dem Reiz eines ganz und gar ungewohnten Aben=
teuers ausgestattete Verhältniß nicht. — Das Epigramm
kam fast ungerufen: „Lili's Park," und rührend fragt er
in einem anderen Liede:

„Warum ziehst du mich unwiderstehlich
Ach! in jene Pracht" —

Aber trotz der Klagen über die Folterqualen, die er in
trivialer Umgebung über sich ergehen lassen muß, will er

in der Nähe der Geliebten weilen, findet er diese reizender als die Frühlingsblüthe, liebevoll und gütig, wie die Natur selbst. Dann aber machte die Geliebte, deren Huld den Dichter bis in's höchste Alter entzückte, sie, die Natur selbst, ihr Recht geltend und fachte den Feuerstrom der Begeisterung an, selbst wenn sie, wie in "Wanderers Sturmliede," ihn mit sausenden Regengüssen umfing. —

Die Freundin seiner Psyche war in dieser Zeit Auguste von Stolberg und in den anmuthigen, schnellkräftigen Bekenntnissen seiner Liebe zeigt sich's, daß der Dichter den "Fastnachts-Goethe" Lili's von dem, seine liebe weite Welt wieder geöffnet sehenden, wahren Goethe, dem lebenden, strebenden und arbeitenden, zu unterscheiden wußte. Vielleicht gehört hierher das Gedicht: "der Adler und die Taube," das in seiner gesättigten Ruhe den Gedanken in der Tiefe verräth: daß es eben der Dichter nicht ist, dem der Pfeil des Jägers, richtiger einer Jägerin, den Flügel für immer gelähmt hatte. Es galt die Vorstellung abzuschließen, wie weit der Trost der weisen Taube gereicht haben würde, wenn das Geschoß wirklich den Dichter verwundet hätte! —

Vollkräftig entfaltete Goethe die Schwingen und erhob sich über Alles, was Lili und ihre "vornehme" Patricier-Gesellschaft an standesgemäßen Verbrämungsstoffen für das Leben aufzuweisen hatten. Die Stolberge, im Zenith ihres Genie-Treibens stehend oder vielmehr wirbelnd, kamen und Goethe reiste mit ihnen in die Schweiz, deren große Natur er in dem Liede "Auf dem

See" kühn zu sich heranzog. Er wollte den Versuch machen, ob er Lili zu entbehren vermöge und erwiese sich dies, einen bestimmten Plan für sein ferneres Leben entwerfen. — Der Rath seiner einzigen Schwester Cornelia überzeugte Goethe von der Nothwendigkeit seine Fesseln zu lösen, aber Lili's Bild hielt noch immer Stand, selbst als Goethe sich von den Herrlichkeiten der Welt der Hochalpen umgeben sah. — Freilich verweisen die Eisriesen den Beschauer majestätisch zur Einkehr in sich selbst und mahnen ihn, daß seine Heimath diejenige liebender Herzen sei und so mochte auch Lili's goldenes Herzchen mit dem wehmüthigen Liede „Angedenken du verklung'ner Freude" — begrüßt werden. —

Indeß Goethe scheinbar ohne festes Ziel sich bewegte, war er bereits in die Sphäre eingetreten, in welcher sein Genius zum höchsten Glanze sich erheben sollte. In Karlsruhe ward er vom Herzoge Karl August von Sachsen-Weimar empfangen, welcher im Begriff war, die Prinzessin Luise von Baden heimzuführen. — Mit Wärme lud der Fürst den ihm bereits früher vorgestellten Dichter ein, ihn in Weimar aufzusuchen. Goethe, von seinen Liebesqualen und seinen genial-turbulenten Reisegefährten und schließlich noch durch ein ganz gewöhnliches „bürgerliches" Heimweh nach Frankfurt in Anspruch genommen, ahnte kaum, daß ein herrliches Gestirn auf seine Bahn einzuwirken begonnen habe; aber Karl August hatte sein Urtheil, trotz seiner Jugend, klar zur Hand. „Ob ich's auch damals mir nicht expreß in Worten gesagt haben mag," äußerte Karl August mehre Jahre später zu Goethe, „so wußte ich's doch, als ich Dich gesehen und gehört hatte, gleich vom Anfang so gut wie heute, daß ich entschlossen war, Dich nicht wieder fahren zu lassen!" — Der Beginn des wunderbaren Fadens war gesponnen, welcher einen großen Dichter mit einem großen Fürsten in innigster Weise ein ganzes Menschenalter hindurch zum unbemeßbaren Gewinn für die humane und deutsche Cultur verbinden sollte! —

Indeß rasselt der Dichter im Postwagen dahin, bis ihm der Schwager als der alte „Kronos" vorkommt und ein ironischer, halb übermüthiger, halb trüber Blick von der Heerstraßen-Holperei auf den möglichen ferneren Lebensweg fällt. — Die Mischung classischer Würde und studentischen Stürmer-Tones ist echt tragikomisch. Mit einem Kothurn und einem Soccus holpert der Dichter mit Kronos' Gefährt so kunstreich in die Wette, daß der „rasselnde Trott" wie Musik uns in's Ohr fällt!

Auf den Kronos mit Dreimaster, gepuderten Seitenlocken, Zopf und Kutscherpeitsche folgt aber ein echter Sohn hellenischer Erde in den Glanz unheimlichen Wetterleuchtens gehüllt — Prometheus, unerschütterten Auges den Blitzen aus der Heimath des Feuers trotzend. — In Goethe war nichts Fremdes, bloß Angeeignetes — Fremdes konnte in diese so überaus aufnahmefähige Psyche gar nicht eindringen, ohne den Umgestaltungsproceß bestanden zu haben, welcher das Fremde zum organischen Bestandtheile derselben erhob. Goethe besaß eine nicht bloß philologische Kenntniß des classischen Alterthums — er war in die lebendigen Verhältnisse eingedrungen, welche dem Auge der Mehrzahl der Gelehrten des vorigen Jahrhunderts durch die Schriften der antiken Denker, Historiker und Dichter nicht entschleiert, sondern verdeckt wurden. Goethe hatte mit seinem Adlerblick erkannt, daß die Gottesidee der Griechen die alleinige Fackel war, mit welcher das Dunkel aufzuhellen ist, das sich über den Sonnenglanz hellenischen Lebens seit zwanzig Jahrhunderten hingelagert hat. — Schon in Leipzig hatte Goethe den Muth besessen, an die Gestaltungen der Gottesidee der Griechen und der in dieser Hinsicht von ihnen abhängigen Römer hinanzutreten und sich für das Verständniß antiker Kunst durch die Kunst selbst zu rüsten. — Der verständige, stille Oeser hatte ihn in den Elementen der Malerei unterrichtet und mit wahrem Feuereifer hatte Goethe gearbeitet, sich diese Ausdrucksweise des empfundenen Gedanken zu eigen zu machen. Je mehr es ihm fühlbar wurde, daß der Stoff seiner Plastik und seiner Färbung das Wort war, desto eifriger strebte er mit der Malerei vorwärts. — Trotz aller Kunstgelehrten und der, der Production unfähigen Kenner, welche am Ende des achtzehnten Jahrhunderts freilich noch nicht so weit gelangt waren, das Wissen von der Kunst höher, als diese selbst zu achten, giebt es in jeder Kunst Vieles, das sich voll und klar nur dem ausübenden Künstler erschließen kann und dieses Viele führt zumeist direct auf die Hauptsache in der Kunst zurück.

Das Schaffen in der Kunst erscheint nie ohne das Machen und selbst derjenige, welcher die Technik sehr gering schätzt, wird erfahren, daß sie, ihrem Wesen nach betrachtet, die Grundgedanken in sich schließt, welche wie eine Mauer von Granit die praktischen Kunstgebiete von einander trennt, die nur von hochidealem Standpunkte aus sich als ein wundervoll harmonisch gegliedertes Ganzes auffassen lassen.

Durch seine künstlerischen Uebungen war Goethe ein deutlicherer Blick in die Kunst eröffnet worden, als ihm die scharfsinnigste und feinfühligste Aesthetik verschafft haben könnte. Das hatte er gewonnen: er fand den Weg, um die antike Kunst und Cultur als ein lebendig Organisches in sich aufzunehmen. Seine Leistungen in der zeichnenden Kunst sind an sich nicht hoch anzuschlagen; aber sie wurden für Goethe ein wichtiges Mittel, antike Culturideen als Eigenes seiner Innerlichkeit zu verschmelzen und geben demjenigen, welcher diesen Genius zu erkennen strebt, eine bedeutsame Weisung über die plastische Kraft Goethe's, die in der Zeichnung oder Malerei keinen Ausdruck finden konnte, sondern durchaus auf das Wort beschränkt war. —

Wie alle antiken Gedanken und Gedankenkreise ist auch der Prometheus Goethe's aus seiner griechischen Besonderheit zum allgemein Humanen, aus welchem er hervorgegangen war, bei Goethe zurückgekehrt. — Das Gedicht trifft voll und groß das eigene Wesen Goethe's. — Die ewig lebende, schaffende und zu höheren Stufen sich hinanringende Menschennatur gilt mehr, als die von derselben aufgebaute Welt der abstracten Begriffe. — Die Gottesidee vom Menschenthum, je nach seiner Culturhöhe gedacht, ist nur eine lebendig wirksame in der Men-

schenwelt; die Götter des Olymps sind fest in ihren Ge=
dankenkreis gebannt, den sie thatlos als unüberschreitbare
Schranke respectiren müssen, da sie bei jedem Heraustreten
aus demselben ihre, durch den Begriff gebundene Persön=
lichkeit einbüßen, in das Reich menschlicher Selbstbestim=
mung eintreten und **aufhören müßten**, Götter zu
sein. —

Kein philosophisches System hat dies mit solcher über=
zeugenden Mächtigkeit dargelegt, als die wenigen Zeilen,
aus denen der Monolog des Prometheus besteht, der als
der Urvater und Vertreter des Menschenthums grandios
über den ganzen Olymp hinausragt. — Aber es ist noch
immer ein Hellene, der spricht, eine athmende, sorgende,
duldende, liebende und wirkende Menschengestalt — alle
anderen Gebilde, die seinen Namen tragen, in feuriger
Lebensgluth in den Schatten scheuchend, weil keine dieser
Gestalten **seine** erhabene Idee im Haupte trägt. In
dieser Idee liegt aber auch die Unmöglichkeit für **Goethe**,
Prometheus in einem Drama zu verwenden — dieser
Riese duldet nichts Ebenbürtiges neben sich, gleich der
Menschheit selbst, die mitten in der Unendlichkeit der
Schöpfung **allein** steht, wie er! —

Es ist ein mächtig sich geltend machender prometheischer
Zug in **Goethe**, der in seinem eigenen Leben dasjenige
des gesammten Menschenthums zu leben bestrebt war —
stets im höchsten Grade concret persönlich und stets den
empfundenen Gedanken, den Inbegriff des Humanen, in
sich concentrirend. Wie das, was **Goethe** im Sinne
und in der Form des classischen Alterthums lebte, voll

herrlichen, persönlichen Lebens ist, davon zeugen namentlich die nach der ersten italienischen Reise entstandenen römischen Elegien, zugleich gedankenreicher und leidenschaftlich vertiefter, aber ebenso echt antik, wie irgend ein Meisterwerk classischer Dichter aus Hellas und Roms schönsten Tagen erscheinen kann. —

Einige liedartige Gedichte aus dem Schluß von Goethe's vorweimarscher Periode sind ganz ins Extrem des „Prometheus" gelegt, voll von holdseliger, fast kindlicher Simplicität, wie das wahrhaft paradiesisch duftende „Veilchen" aus „Erwin und Elmire" und der „Ungetreue Knabe" aus „Claudine von Villa Bella."

Es war eine Zeit voll drängender, wirbelnder Empfindungen, als Goethe A. v. Stolberg gestand: „O wenn ich jetzt nicht Dramas schriebe, ich ginge zu Grunde." Nur unter heftigen Zuckungen riß sich sein Herz von „Lili" los und sein Schifflein schien sich für einen Moment wie in einer Brandung zu bewegen, ohne dem Segel und Ruder zu gehorchen. — Es war damals, als der Dichter mit ernstestem Streben seinen Lebensberuf zu erkennen und einen Plan für seine Zukunft sich zu bilden strebte. — Der „Egmont" war begonnen, und Goethe, reicher noch ausgerüstet mit geistiger Kraft, Liebes= und Freiheits= Bedürfniß, scheint auf die edle, hohe Haltung Egmonts hingezielt zu haben, um dieselbe für sich aus der Dichtung zu gewinnen.

Bereits aber trat eine noch sonnenhellere Menschen= natur, als die Egmonts, mit der Macht und dem geistigen Können ausgerüstet, bedeutsam auf Goethe's Ver=

hältnisse einzuwirken, in des Dichters Kreise ein. — Im
October 1775 erschien der kurz zuvor vermählte und vor
dem Antritt seines hohen Berufs befindliche Erbprinz
Karl August von Weimar, von Karlsruhe kommend,
in Frankfurt und wiederholte die Einladung: der hochge=
feierte Dichterjüngling möge für einige Zeit in Weimar
sein Gast sein. — Es erwies sich, daß es sehr zähe Kräfte
waren, welche den Frankfurter Bürgerlichen in seinen
Kreisen festhielten und ohne die außerordentliche Hin=
neigung, die der junge Fürst mit einem Schlage bei dem
Dichter erweckt hatte, wären die Hindernisse, von denen
Goethe der Eintritt in ein ganz neues Leben verwehrt
wurde, unfehlbar Sieger geblieben. —

Am 7. November 1775 kam Goethe in Weimar
an und trat in den berühmten Kreis ein, welcher ein halbes
Jahrhundert lang sich so machtvoll erwies, um ganz
Deutschland gegenüber als geistiger Centralpunkt zu
wirken und damit seine Bedeutung ins wirklich Unbe=
meßbare zu erheben. — Der Dichter ist fortan von dem
Sternenreigen der weimarschen Größen und von Weimar
selbst nicht mehr zu trennen, oder davon abgetrennt
zu denken. Mit Boden= und Luftwurzeln gehörte er
Weimar an, wie Goethe selbst sagte und auch für die
weiten Regionen, in welche der Dichter die Radien seines
Lichtes aussandte, ward Weimar zum festen Mittelpunkte.
Mancher Fürstenhof ist auf den Blättern der Geschichte
durch seine Pflege der Cultur mit Ruhmesglanz umkleidet;
aber selbst die Gruppen der Unsterblichen, von denen
Cosimo bei Medici, Julius II., Leo X., Ludwig XIV.,

Katharina II., Joseph II. und Friedrich der Große umgeben sind, müssen sich neigen vor den Größen, in deren Mitte Herzog Karl August von Weimar erscheint. — Die That und die Kraft einer in jeder Hinsicht groß gearteten Persönlichkeit, die deutschen Musenführer um sich zu vereinigen und dadurch jedem Einzelnen den Anlaß zur höchsten Kraftentfaltung zu geben, gehört Karl August an, der stets mit seinen Auserwählten auf gleicher Höhe sich erhielt, wie wunderbar dieselben auch wachsen mochten.

Was Goethe für den Herzog Karl August war, das findet sich in den eigenen Worten desselben, geschrieben am 7. November 1825, in einer Art zusammengefaßt, die von fremder Feder nicht zu erreichen ist. Wenn es für Goethe's Würdigung als Liederdichter ganz unumgänglich nothwendig erscheint, wenigstens den Hauptzügen nach die Verhältnisse anzugeben, unter denen die dichterischen Spiegelbilder derselben geschaffen wurden, so gehört hierher der Brief Karl August's an Goethe's Dienstjubelfeste.

„Gewiß betrachte ich" — lautet derselbe — „mit allem Rechte den Tag, wo Sie, meiner Einladung folgend, in Weimar eintrafen, als den Tag des wirklichen Eintritts in meinen Dienst, da Sie von jenem Zeitpunkte an nicht aufgehört haben, mir die erfreulichsten Beweise der treuesten Anhänglichkeit und Freundschaft durch Widmung Ihrer seltenen Talente zu geben. Die fünfzigste Wiederkehr dieses Tages erkenne ich sonach mit dem lebhaftesten Vergnügen als das Dienstjubelfest meines ersten Staatsdieners, des Jugendfreundes, der mit unveränderter Treue, Neigung und Beständigkeit mich bisher in allen Wechselfällen des Lebens begleitet hat, dessen umsichtigem Rath, dessen lebendiger Theilnahme und stets wohlgefälliger Dienstleistung ich den glücklichen Erfolg der wichtigsten Unternehmungen verdanke und den für immer gewonnen zu haben ich als eine der höchsten Zierden meiner Regierung achte." —

Von den im hohen Alter mit der Flamme der Jugend im Herzen wandelnden Mustern einer Freundschaft zwischen einem Fürsten und einem Sohne des Volkes wenden wir uns zum Beginn der großen weimarschen Periode.

Die Herzogin Mutter Amalia, eine Braunschweig'sche Prinzessin und Friedrich des Großen Nichte, hatte den breiten und gesunden Grund gelegt, auf welchem der Musentempel Weimars sich erheben sollte. Der leuchtende Zug in dieser erhabenen Frau ist derjenige der vollen Tüchtigkeit auf geistigem, wie auf praktischem Gebiete. Mit untrüglichem Blicke für Menschen, Dinge und Verhältnisse ausgerüstet traf sie auch auf geistigem Felde das Wesentliche und kein geringer Theil ihrer persönlichen Größe ist dem Umstande zuzuschreiben, daß die Herzogin das Nebensächliche stets als solches vom Wesentlichen abzutrennen vermochte — eine Eigenschaft, die Karl August in vollem Maße geerbt hatte. Von der Energie ihres Willens sowohl, als von ihrem tief angelegten Sinne für den Kern einer runden und harmonisch gegliederten Bildung zeugt unter Anderm, daß sie sich von Wieland im Griechischen unterrichten ließ und nicht allein den Homer, sondern den so widerspänstigen Aristophanes bemeisterte. Als Landesmutter schuf sie im Herzogthume

Zustände und führte Verbesserungen ein, wie sie von größeren Nachbarstaaten erst um Decennien später angestrebt wurden. — Wieland und der gemüthliche Bertuch waren ihre Lieblinge.

Hochsittig und voll deutscher, tiefer Empfindung erscheint die Gemahlin Karl August's, die Herzogin Luise, ein Vorbild deutscher Fürstinnen mit einer an die Antike gemahnenden Größe des Charakters. — Die beiden Luisen, Luise von Sachsen-Weimar und Luise von Preußen eröffneten kühn dem allmächtig scheinenden Napoleon das sibyllinische Buch, in welchem er das Orakel hätte lesen können, zu welcher Erhebung und Größe das Volk fähig sein werde, dem solche Frauen angehörten — wäre er nicht vom Strahl des eigenen Glückes geblendet gewesen! — Aber trotz seiner corsicanischen Natur — selbst von den Römern einst unbändiger, als die der Barbaren betrachtet — ahnte er die sittlich-politische Bedeutung dieser beiden hehren Gestalten und er gab der Herzogin Luise in seiner Weise das höchste Zeugniß seiner Achtung, als er sagte: „Die Herzogin ist eine Frau, von der es gewiß ist, daß sie sich vor meinen zweihundert Kanonen nicht fürchtet." —

Der Herzog war neunzehn Jahr alt, feurig, vollkräftig, rasch, arbeitseifrig, scharfsichtig und höchst bildsam, fest und für alles Schöne, Edle und Große begeistert. Tief und großartig in seiner Innerlichkeit versagte seine Thatkraft nirgend, um derselben praktischen Ausdruck zu geben. —

Die echt humane Kunst, sich zu immer höheren, inneren Stufen hinanzuheben, übte der Herzog nicht minder eifrig und sinnend als Goethe und Karl August ließ nicht etwa sein Land und sein Volk in der Tiefe, sondern hob sie mit festem Griffe nimmer nachlassend zum höheren Genuß ihres Lebens und ihrer Kräfte empor. —

Von den hervorragenden Personen des Hofes zu Weimar zur Zeit der Ankunft Goethe's ist der Freiherr Friedrich Hildebrandt von Einsiedel zu nennen. Er war beim Beginn der Regierung Karl August's mit Goethe in einem Alter; ein vielseitig begabter Geist, sprachgewandt, mit Neigung und Geschick für Poesie und Musik ausgerüstet und von einer aus dem Herzen quellenden, liebenswürdigen, heiteren Stimmung, konnte ein biedererer Charakter für echte Freundschaft schwerlich gefunden werden.

Mehr noch als selbst Einsiedel stand der Kammerherr Freiherr von Wedel als Jugendgespiele dem Herzoge nahe. — Ein Gentleman in der feinsten Bedeutung, voll Verständniß und Flugkraft bezüglich der höchsten geistigen Interessen, knüpfte ihn ein tiefer Zug an das Naturleben und Wild und Wald konnte ein Dichter selbst nicht liebevoller als Wedel anschauen.

Kammerherr Karl Sigmund von Seckendorf, ebenfalls noch jung, ein Dreißiger, vollendeter Weltmann und Officier, in welcher Eigenschaft er in österreichischen und sardinischen Diensten gestanden hatte, verweilte bis 1784 in Weimar und war nicht nur von größter Empfänglichkeit für die mit Goethe's Erscheinen eine schwungreichere Bewegung annehmenden Lebensinteressen des Hofkreises, sondern dichtete, das Machen fast zum dichterischen

Schaffen erhebend, Lieder, Dramen, Opernbücher, die er selbst mit gefälliger musikalischer Draperie umgab.

Der derbe und philosophisch unerbittliche, persönlich aber desto nachgiebigere und gutmüthigere Uebersetzer des Lucretius und Propertius, Knebel, dessen Republicanersinn seiner Schätzung Karl August höheren Werth verlieh, Knebel, der seine eigene hypochondrische Lebensanschauung ohne des Herzogs kräftige Hand nicht zu überwinden vermochte, nahm eine hohe Stellung im Vertrauen Karl August's ein. —

Zu Wieland und Bertuch kam noch Herder, durch Goethe's Vermittelung nach Weimar hingezogen. Musäus, der Sammler der Volksmärchen; Bode, der Uebersetzer des Smollet, vervollständigten den Kreis, in welchem Karl Theodor von Dalberg, der Prinz August von Gotha, der Fürst von Dessau, der Fürst von Meiningen und der Prinz von Barchfeld als öftere Gäste erschienen. —

Von den Weimarer Damen ist für Goethe's Leben die Frau von Stein die bedeutsamste, sie, welcher er zehn Jahre einer heißen, zarten, durchgeistigten Liebe widmete. Nach den ersten Zeiten des jugendlichen, halb bacchantischen künstlerischen Schwärmens machte Frau von Stein, damals im fünfunddreißigsten Jahre, die volle Gewalt ihrer Anmuth und Seelentiefe auf Goethe geltend. —

Die charakteristische Form und das Empfindungs-Colorit der Liebesverhältnisse des Dichters empfingen dieselben — allerdings dem Gegenstande angemessen —

wesentlich von dem Dichter; bei der emporsteigenden Leidenschaft für Frau von Stein dagegen ist es diese Dame vorzugsweise, welche dem mit Täubchen bespannten Liebeswagen die Bahn anweist.

Anstatt einer erblühenden Märchenknospe fand sich Goethe dem leidenschaftsfähigen, aber bewußtvollen Weibe gegenüber, die mit wunderbarer Selbstbeherrschung ihre Stellung und den Liebhaber zugleich festzuhalten wußte. — Goethe war dasmal immer wieder auf seine Reflexion hingewiesen, um seiner Liebe die fernere formelle Berechtigung zu sichern und neue Angriffspunkte auf das wohlgepanzerte Herz der Geliebten zu entdecken. — Das Bewußtvolle hebt sich daher bei dieser Liebe mächtig bei Goethe aus der Gefühls-Region hervor; in immer neuen und tieferen Harmonien legen sich die Töne der Liebe um die sich hebende und senkende Melodie, einen Reichthum von Bildern der Psyche enthüllend, wie ihn die früheren Zustände des Dichters nicht erkennen ließen.

Die Lieder Goethe's, welche unter der Wirkung des Sternes der neuen Geliebten — eines wahren Phosphoros — entstanden, besitzen den vollen, metallisch klingenden Ton der Mannesbrust und sind zugleich so empfindungszart gegliedert, daß sie mitten unter den glänzenden Juwelen Goethescher Dichtung für das Auge der Geweihten förmlich Strahlen aussenden. —

Auf der Höhe ideal „liebenden Menschenthums" empfindet Goethe in einer nicht allein rührenden, sondern bis zum Feierlichen vertieften Weise das Weben und Walten der Natur. Hierher gehörten: „Jägers Abendlied" und das herrliche Gegenstück: „Rastlose Liebe," sowie die „Nachtgedanken." An „Lida" und „Ewig" gehören der Frau von Stein, ebenso wie „der Becher," „Einschränkung," auch die berühmten beiden „Nachtlieder des Wanderers." Auf dem Höhepunkte von Goethe's Liebe war diese Frau in Wahrheit für ihn die irdische Muse, welche seiner Psyche das, was sie ausstrahlte, in erhöhter Schönheit wieder zuführte. —

Abermals ragten gewaltige Außenbilder in Goethe's inneren Kreis herein, als er mit Karl August die Alpenwelt besuchte. Tiefer und wahrer, als der „Gesang der Geister über den Wassern" ward kein Lied geboren. — Goethe wird nicht von der nur begrifflich zu erfassenden Mächtigkeit des Hochgebirges niedergedrückt — er nimmt den Adlerflug des Dichters und schwingt sich im „Ganymed" hoch über die durch keinen menschlichen Fußtritt entweihten Schneehäupter und Eishörner der Bergriesen empor zu Dem, welcher fragt: Wo warest Du, da ich die Erde gründete? Sage mir's, bist Du so klug! Im „Prometheus" läßt Goethe das Menschenthum, von dem antiken Adam, dem Feuer- oder vielmehr Lebens-Träger vertreten, gegen den Götterbegriff des Hellenenthums siegen; in den „Gränzen der Menschheit" und dem folgenden Gedichte „das Göttliche" tritt der Dichter selbst als Sprecher der Humanität auf, um bis zum Höchsten, dessen wir fähig, zum Gottesgefühl an der Hand der majestätischen Naturordnung hinanzusteigen. Dies Gottesgefühl in Goethe's Naturanschauungen bildet die Tiefe selbst des flüchtigsten Bildes und selten streift Goethe's Blick über Flur und Wald, ohne wenigstens den Saum des Schleiers zu berühren, von welchem die Geheimnisse der Natur und ach! unserer eigenen Psyche verhüllt werden — Geheimnisse, die alle süß und wonnig, nie drohend und unheimlich scheinen würden, müßten wir nicht unsere Endlichkeit aufgeben, um zu ihnen zu gelangen. Und wenn es die liebliche, rieselnde Ilm ist, so erzählt sie dem die silbernen Gewässer durchschneidenden Dichter von diesen Geheimnissen. Der "Fischer" — in der gleichnamigen Romanze — ist eine bezaubernde, der Macht des Verborgenen in der Natur sich hingebende Gestalt. —

Die Uebungen überquellender Jugendkraft in Wald und Feld, zu Roß und zu Fuß, die mit einem Colorit von ritterlicher Phantastik umgebenen Vergnügungen, bei denen wir den Herzog Karl August und den Dichter unzertrennlich verbunden finden, konnten der Tiefe dieser Persönlichkeiten nicht auf den Grund gelangen und bald traten die Belustigungen in minder stürmischer Weise auf, dem Cultus des Schönen zugewandt und an die Welt der Gedanken die künstlerisch gestaltende Hand legend. —

Mit dem Gedichte "Ilmenau," den Hochadel der Empfindungen zeigend, durch welche der Herzog und sein Freund mit einander verbunden wurden, verschwanden die Nebel aus dem prächtigen Bilde "wie ein Traum" und die Sonne leuchtete siegend über die Landschaft. —

Es liegt weit außerhalb der Schranken dieser Randzeichnungen, bei denen Geist und Herz des Lesers das für den Liederdichter Wichtigste, die Farbentinten ergänzen müssen, den Wirkungskreis Goethe's in Weimar — zur Universalität gewandt — auch nur den Hauptgebieten nach, vorzuführen. — Seine Thätigkeit für die Weimarsche und damit für die deutsche Bühne allein würde eine inhaltreiche Aufgabe für eine Feder sein, die nach dem Höchsten auf diesem Felde zielte. —

Aber ein Gedicht aus der Bühnenwelt darf hier nicht übergangen werden — „Mieding's Tod" —; denn es zeigt so ganz und voll Goethe selbst, groß auch im Kleinsten, wie das Sonnenlicht, das mit derselben Genauigkeit, mit der liebevollsten Treue die Kolosse des Gebirges und das Blümchen am öden Waldeshange beleuchtet und erwärmt. „Mieding's Tod" ist eine ganze Kette von Gedichten und Liedern, ganz einzig, Höhen und Tiefen der Bühnenwelt mit sicherem, warmem Arm umschlingend und in die Duft-Atmosphäre der Poesie hinaufhebend. —

Goethe hatte jetzt das Leben mit all seiner Pracht vor sich liegen. Er konnte die Richtung jedes Pfades, den er einzuschlagen beschließen würde, überschauen und Das, was derselbe ihm darzubieten vermochte für das Innere, bemessen und schätzen. Sein Fürst hatte ihn zum Geheimen-Rathe, zu seinem ersten Diener im Staate erhoben und Goethe hatte durch eigenen Versuch erfahren, was Amtsgeschäfte und Arbeiten für die Zwecke einer staatlichen Genossenschaft bedeuten. Er hatte über und neben sich einen Meister in der Regier- und Organisirkunst, den Herzog, der aus natürlicher Begabung heraus Das zu finden und wirksam anzugreifen verstand, was bei Goethe erst manchen Proceß zu durchlaufen hatte, bevor er den spröden Stoff für neue Formgebungen bemeistern konnte. Karl August war, was die Regierungsgeschäfte betraf, wie ein geborener Feldherr, der Alles, was er wußte und vermochte, auf dem Platze, wo gefochten werden muß, im entscheidenden Augenblicke zur freiesten Verfügung hatte; während Goethe mehr dem aufmerksam beobachtenden Strategen glich, der nie sich des Zweifels über das Gelingen einer wohlüberlegten Operation zu entschlagen vermag und daher jedem gewagten Schritte entschieden abhold ist. Die Staatsgeschäfte waren für Goethe mühevoll: er arbeitete wie ein Forscher, immer mit neu erweiterten Begriffen operirend und seine Arbeit sich in unsäglicher Weise erschwerend, anstatt mit Friedrich dem Großen zu sagen: „Ich bin mit der Zeit ein guter Postklepper geworden, der seine Station macht!" Nichts war Goethe's Wesen so fremd, als irgend welche Routine! —

Plötzlich breitete der Adler seine Schwingen und schüttelte das Gefieder; er spannte weit die Fittige und hob sich dann eilig empor, um die ganze Majestät seiner Bewegungen zu entfalten. Südwärts nach Italien strebte der stolze Segler! — Goethe hatte erkannt, daß er keinen anderen Beruf empfangen habe, als denjenigen, ein Dichter zu sein. Das Fernweh hatte ihn erfaßt und zog ihn fort, um

„— — der Jugend holden Traum
Im hellen Sonnenlichte zu durchleben."

„Alle Träume meiner Jugend sehe ich nun lebendig," schreibt Goethe. „Wohin ich gehe, sehe ich eine Bekanntschaft in einer neuen Welt; es ist Alles, wie ich mir's dachte und Alles neu! Ich habe keinen ganz neuen Gedanken gehabt; aber die alten sind so bestimmt, so lebendig, so zusammenhängend, daß sie für neue gelten können."

Rom ist der ungeheure Reliquienschrein, in welchem die Jahrhunderte die vornehmsten Merkzeichen ihrer humanen Cultur niederlegten. — Für den Augenblick machte Rom den Dichter verstummen; aber die Folgezeit lehrte, welche gewaltig innere Arbeit er dort vollendet und mit welchem glänzenden Kranze er den Tempel seiner humanen Selbsterziehung geschmückt hatte! — Durch bildende und analysirende Reflexion hatte er sich der Antike bemächtigt, — jetzt stand sie unmittelbar ihm gegenüber, die zur Natur zurückgeführte Kunst, mit aller Kraft und Gluth der Natur selbst wirkend. —

In jener römischen Zeit des Genießens, Umbildens und Ringens ging für Goethe das Geheimniß der Harmonie seines inneren Lebens als strahlendes Gestirn auf, um nie mehr zu verlöschen. Er ward selbst im kleinsten Rahmen der hehren Reize der antiken Cultur mächtig und so völlig ist diese sein eigen geworden, daß er in ihrer Sprache die tiefsten, zartesten und glühendsten Vorgänge in seiner inneren Welt so besingt, wie dies angemessener in keiner anderen Form möglich erscheint. — Die Göttin der römischen Elegien ist die spätere Gattin des Dichters und ihr Diadem so verschieden von allen Kränzen, welche Goethe anderen geliebten weiblichen Wesen widmete, ist so künstlerisch vollendet, wie je eines aus seiner Hand hervorging. — Aber er ist's nicht so unmittelbar selbst, wie in seinen Liedern, der uns mit seinem Zauber anhaucht, und auch seine Gegenstände legen sich in eine Ferne, um uns nicht sofort fühlbar mit ihrer Wärme anzustrahlen. — Der elektrische Strom umspielt die wundervollen Bildnereien der **römischen Elegien**; aber er schlägt nicht sofort aus ihrem Innersten heraus in unsere Herzen herüber. Wir sehen eine zauberhaft schöne und edle Formenwelt, in schimmernde Tinten gehüllt, vorüberziehen; aber diese Farben beginnen nicht zu erklingen und zu singen in hinreißender Musik, wie sie in **Goethe's Liedern** der Liebe tönt! —

Seit seiner italienischen Reise erschien der Dichter ernster, ja kälter zu sein, als früher! Er war allerdings noch größer als vorher geworden! Zu dem Liebe-Erregenden und Begeisterung-Weckenden in **Goethe's** Wesen war das **Erhabene** getreten, um Ehrfurcht hervorzurufen. Er schrieb von Italien aus an den Herzog **Karl August**: „Ich darf wohl sagen, ich habe mich in dieser anderthalbjährigen Einsamkeit selbst wieder gefunden. Aber als was? als Künstler." — Daß die italienische Reise an seinen heiligsten Empfindungen, an seiner hingebenden Liebe für seinen fürstlichen Freund indeß nichts geändert hatte, bezeugen folgende Stellen des erwähnten Briefes:

„Lassen Sie mich an Ihrer Seite das ganze Maß meiner Existenz ausfüllen, so wird meine Kraft, wie eine neue geöffnete, gesammelte, gereinigte Quelle von einer Höhe nach Ihrem Willen leicht da- oder dorthin zu leiten sein — — — Wie Sie mich bisher getragen, sorgen Sie ferner für mich: Sie thun mir mehr wohl, als ich selbst kann, als ich wünschen und verlangen darf. Ich habe ein so großes und schönes Stück Welt gesehen und das Resultat ist, daß ich nur mit Ihnen und den Ihrigen leben mag!" —

Das auf vorwiegend spiritueller Basis ruhende Verhältniß Goethe's zur Frau von Stein hatte sich während und durch seine Abwesenheit kühl gestaltet und ward bald völlig gelöst, obgleich Goethe bestrebt war sich die Freundschaft der so lange von ihm Angebeteten zu erhalten. Als beglückter Familienvater trat er in die Periode gereifter, höchster Kraft ein, die er durch die zarte tiefe Parabel:

"Ich ging im Walde
So für mich hin,"

eingeleitet hatte. — Der "Tasso" entstand und Goethe's Forschungen in den organischen Wissenschaften, durch seine Entdeckung der Vertebral-Theorie bezüglich der Schädelbildung und seine Ideen über die Metamorphose der Pflanzen gekrönt, nehmen einen Verlauf, durch welchen der Dichter sich den höchsten Denkern an die Seite stellte. — Wenn Goethe's "Farbenlehre" vor den mathematischen Gesetzen des Ursprungs der Lichtwirkungen sich nicht zu behaupten vermochte, so besitzt dieselbe doch die größte Wichtigkeit für den mit Farben operirenden Künstler, ja sogar für den Musiker, um der lebendigen ästhetischen Wirkung von Farben- und Klang-Tinten näher zu kommen, die unserer Psyche oft der genaueste Calcul nicht zu enträthseln vermag. —

Goethe, ganz seiner universalen, humanen Mission

anheim gegeben, nahm zu dem mit gewaltigen Blitzen, Donnerschlägen und Zuckungen sich ankündigenden politischen Weltdrama eine höhere Stellung ein, als die meisten der hohen Geister seiner Zeit. — Für seine großen Ziele kämpfte weder die Revolution noch die Legitimität und ihre Alliirten. Das ganze Menschenthum war der Träger der Bildung, welche in ruhiger, ungestörter Entwickelung zu erreichen in Goethe's Augen die Aufgabe aller Völker und aller Einzelnen war. — Der Geist der Gelehrsamkeit, der Kunst und der dichtend geschaffenen Natur, welcher Goethe innewohnte, hatte seine Heimath in der Respublica der Gebildeten aller Völker und Classenkämpfe und Völkerkriege, deren ethische absehbare Wirkung nichts Anderes, als eine lange Hemmung der Fortschritte der Bildung war, traten Goethe als etwas Unvernünftig-Furchtbares entgegen. —

Selbst der patriotische Eifer, mit welchem der Herzog Karl August — die Bedeutung des romanisch-deutschen Racenkampfes sehr scharf erkennend — sich in den Harnisch warf und das Schwert zog, konnte den Dichter nicht umstimmen, der muthig zwar, aber mit unsagbarer Abneigung in der lärmenden Bellona nichts als die „Bellona ferox" erblickte, als vor ihm das Kriegstheater der Champagne sich ausbreitete. —

Während Klopstock zuerst für die Freiheits-Ideen der „Sansculottes" in Gesängen wüthete, um den Romanen sodann einen sehr deutsch gefühlten Berserkerzorn entgegenzutragen, während die deutsche Gelehrten= und Dichter=Republik gegen die Franzosen, halb betäubt, die Waffen ergriff, verstummte Goethe und warf nur zeitweilig einige Strophen der kühlen Mißbilligung hin, vom Standpunkte eines Weisen gesprochen, unter dessen Füßen die Kriegs=Ungewitter tobend hinziehen. —

Als Goethe wieder in der Heimath sich eingerichtet hatte — der Herzog hatte ihm das weltberühmte Haus am Frauenplan in Weimar geschenkt — trat Schiller in den Kreis Goethe's ein, mächtige Wirkung auf den hohen Ruhmesgenossen ausübend. —

Zunächst erschien das reich, wie das Leben selbst, aus=gestattete Buch der Kunst des Lebens und Strebens — „Wilhelm Meister," dessen Anfänge vor der ersten italienischen Reise liegen, in jener Zeit, wo er mit aller Gluth seiner Sehnsucht Mignon's Lied sang: „Kennst du das Land?" Von allem Köstlichen, was „Wilhelm Meister" enthält, sind die Lieder, welche Mignon und der Harfner singen, das Köstlichste. „So laß mich scheinen, bis ich werde;" „Heiß mich nicht reden;" „Nur wer die Sehnsucht kennt" — in diesen Liedern tönt die Sehnsucht der ewigen, selbst ewig sehnsüchtigen Jugend. Neben dem Psychischen klingen er=greifend die Töne irdischen Duldens: „Wer nie sein Brod in Thränen aß," — „Wer sich der Ein=samkeit ergiebt" und „An die Thüren will ich schleichen." Es ist ein Umschlingen des ganzen Menschendaseins in den wenigen kleinen und kurzen Liedern. Wie tief das elfenartige Wesen mit des Dichters Innerem verbunden war, deutet das Lied an Mignon an:

„Ueber Thal und Fluß getragen." Vielleicht ist es der Hauch Mignon's, welcher in dem Liede: „Nähe des Geliebten" antwortet. Goethe sang sein „Schäfers Klagelied," jugendschön, wie seine ersten Lieder. Dann streifte er noch wohl in Gedanken nach der blauen Adria hinüber und zeichnete mit wenigen großen Strichen die „Meeresstille," in der ganzen Majestät der ruhend scheinenden furchtbaren Naturkraft. Und dann tröstet die „Glückliche Fahrt," mit italischer Lebhaftigkeit und Hast klingend und den Segenswunsch verwirklichend, den einst vom Schloß an der Lahn der Geist dem Schifflein des Dichters nachrief: „Hoch auf dem alten Thurme steht des Helden edler Geist." —

Mit Schiller gleichzeitig vertiefte sich Goethe in das Studium der Romanze und Ballade und neben die Pracht der langen, erzählenden Gedichte Schiller's stellte Goethe seinen „Erlkönig," welchem keine andere Ballade irgend einer Nation den Rang streitig zu machen im Stande ist. — Von hinreißender Innigkeit ist das mit dem wehmüthig stimmenden Gefühl der Jugend ausgestattete, in dieser Zeit entstandene Lied an den Mond: „Füllest wieder Berg und Thal still mit Nebelglanz," in welchem Goethe seinen hohen Freund als Ersatz für Alles umfängt, was dahingerauscht ist im Zeitenflusse. —

Oft noch hebt sich die Zauberblume des Liedes aus den Epigrammen, Parabeln, den beschaulichen oder lehrenden Gedichten der Periode der Vollreife des Dichters hervor, eine Perle im Kelche tragend; aber auch bei Goethe war die Lieberblüthe des Lenzes vorübergegangen, Duft über das spätere Leben hauchend. Gretchen's Lied: „**Meine Ruh' ist hin, Mein Herz ist schwer**," — ist eines dieser Meisterwerke, das in seiner Tiefe und kindlichen Einfachheit einen merkwürdigen Gegensatz zu der orientalischen, geschmückten Fülle der „**Gesänge Suleika's**" bildet, in deren glühender Sphäre sich auch das Lied „**Geheimes**" bewegt. —

Hiermit haben wir einen Umriß gezogen, welcher einen wesentlichen Theil des Goethe'schen Liedes umfängt. Suchen wir nach einem Centralpunkte für des Dichters innerste Eigenthümlichkeit, so tritt uns der Genius Goethe's am unverhülltesten in seinen **liedförmigen** Gedichten entgegen, welche auf einem unmittelbareren Wege, als jedes andere dichterische Gebilde den Pfad zu dem Lebenspunkte unserer Psyche finden.

Wenn wir Alles wüßten und zu bemessen verständen, was die Kraft des Goethe'schen Anschauens und Vermögens umfaßte, so würden wir doch kein höheres und schöneres Gesammt-Resultat zu bilden vermögen, als **das, welches in Goethe's Liedern zum Ausdruck gekommen ist**. —

Die Vielgestaltigkeit des Goethe'schen Liedes hat ihres Gleichen nicht. — Wie der **Maler** auf Figuren-Typen und schematische Gruppirungen, der **Musiker** auf stehende Tonfolgen geräth, unter deren Uebermacht die Objecte nur unvollkommen ihre Eigenthümlichkeiten darzulegen vermögen, so kommt in der Regel der **Dichter**, je mehr er producirt, zu einer einförmigen Sangesart, welche dem Charakter der in seiner inneren Organisation vorherrschenden Stimmung und unwillkürlichen Gedankenfolge entspricht. — Diese Mängel treten bei denjenigen Künstlern am frühesten und unverhülltesten hervor, welche vorzugsweise aus der Einbildungskraft heraus zu schaffen pflegen, oder bei denen die nach Außen dringende, centrifugale Kraft der Persönlichkeit die Aufnahmefähigkeit wesentlich überwiegt. —

Bei Goethe finden wir diese Receptionsfähigkeit im höchsten Maße nach allen concreten Richtungen hin ausgebildet. — Er faßt mit beinahe weiblicher Feinheit und Genauigkeit auf, scheidet mit sicherer Kraft die Massen der Einzelheiten, so daß sie sich zu deutlichen, optischen und Gefühlsbildern gruppiren und bringt den Anschauungen und Vorstellungen einen inneren Seherblick entgegen, welcher ihr Wesentliches erkennt und mit seiner inneren Welt in wunderbare Harmonie der Empfindung verschmilzt. —

Jedes Lied Goethe's tritt uns daher als etwas durchaus Selbständiges, auf seinem besonderen Grunde ruhendes Eigenartiges entgegen. Wir finden in den Goetheschen Liedern, selbst bei der entschiedensten Stimmungsverwandtschaft, keine Aehnlichkeiten, als die Vollkommenheit der bei ihrer Schöpfung thätig gewesenen Kräfte und ihre, eine unbemeßbare Scala durchlaufende Harmonie. — Der Dichter selbst nennt seine Gedichte Gelegenheits=Gedichte, was vor Allem von den Liedern gilt — sie sind zuerst erlebt und dann geschrieben worden. — In vollendeter, durchgeistigter Art, von harmonisch gegliederter Empfindung beseelt, kehrt im Liede das Erlebte zu dem Dichter zurück, auf seinen Schwingen denselben zu edleren Stufen des Menschenthums emporhebend. Es läßt sich nichts auffinden, um über diese genußvolle, humane Selbsterziehung als Höheres gestellt zu werden! —

Die äußeren Gegenstände sowie seine eigene innere Situation treffen bei Goethe stets auf eine liebevolle, fast hingebende Aufmerksamkeit, welche für sich schon eines der vornehmsten idealen Genußmittel des Dichters bildet. Er findet in seiner reichen Empfindung den Ton, um den draußen verstreut anklingenden Accord, oder eine, wenn auch noch so einfache, wenige Noten umfassende Melodie in sich harmonisch aufzunehmen — Leben einsaugend und Leben ausströmend. — Die dichterische Conception liegt im Grunde schon in dem Durchleben des Genusses und erst nach demselben tritt das Erlebte in die Region des dichterisch Darstellbaren. Goethe ließ das Ereigniß mit merkwürdiger Selbstbeherrschung in seinem Inneren sich vollziehen, um die Ruhe zu gewinnen, das **Einfache** aufzufinden, welches in dem complicirten Stück Leben als das **Wesentliche** sich birgt, während die Gefühlssaiten noch immer lebhaft genug schwangen, um in der Sprachmusik den Reichthum der Empfindungen darzulegen, von denen jenes Einfache umgeben war. —

Was in Goethe's Liedern vorzugsweise erscheint, das ist des Dichters Bild, von allen Gegenständen der Lieder gleichsam zurückgestrahlt. Im vollsten Maße gehören die Lieder ihm selbst und denjenigen Auserwählten, welche mit den äußeren Factoren der Lieder in genauer

Berührung standen. Ohne die Kenntniß des **realen
Lebens**, in welchem die Lieder wurzeln, konnte die volle
Bedeutung und Schönheit derselben nicht erfaßt werden.
— Erst dann, wenn man den lebendigen Goethe in
jedem Gedicht zu finden weiß, nehmen diese den vollen
Schimmer ihres wirklichen Werthes an. Die Goethe-
Lieder haben daher gleich von ihrem Entstehen an eine
zweifache Wirkung ausgeübt: auf die Goethe's Lebens-
kreise durch das Leben selbst, oder durch das Studium jenes
Kreises Nahestehenden und auf das große Publikum, das
nicht im Stande war, die Lieder Goethe's auf ihren
Ursprung zurückzuführen. Jene haben in keiner Literatur
einen Liederschatz aufzufinden vermocht, der mit demjenigen Goethe's die Vergleichung auszuhalten im
Stande wäre; dies Publikum aber konnte nur in geringem
Maße durch Lieder fortgerissen werden, die, in der feinst-
bemessenen Harmonie auf sich selbst ruhend, auch mit
keinem Hauche versuchten, in dem ihnen fremden Kreise
Bewunderer zu erobern. —

Die Wirkung der Goethe-Lieder, der **ersten
Sänge in deutscher Sprache**, welche den seit Jahrhunderten begrabenen Namen des Liedes in bezaubernder
Schönheit wieder erstehen ließen, war den Wissenden und
Gebildeten gegenüber in Goethe's mittlerer Periode eine
ungeheure. — Es wäre jedoch nicht der Wahrheit entsprechend, sollte verhehlt werden, daß Goethe's Lieder
nur in einem sehr engen Kreise so fest Wurzel gefaßt hatten,
um nicht durch das Getöse auf dem nach und nach sehr be-
völkerten deutschen Musenberge übertäubt zu werden. Die

Lieder-Periode Goethe's war noch nicht im Abblühen, als der Dichter, bei seiner Rückkehr aus Italien, nicht ohne trübe Empfindung über einen in Deutschland sich kundgebenden Hang zum Maßlosen bemerkte: daß die Mehrzahl seiner Lieder beim großen Publikum entweder vergessen waren, oder mit kühler Gleichgültigkeit betrachtet wurden. — Die Lärm-Instrumente kamen in der Lyrik zur Herrschaft. —

Der Apollo-Goethe ward allgemach zu dem berühmten „Alten Herrn" und das Gestirn Schiller's herrschte am deutschen Dichterhimmel. Goethe's Lieder galten damals der Masse als hübsche, aber im Grunde doch zu wenig glänzende Pinselstriche zur Biographie des Dichters und der für die neue Cultur beschämende Fall konnte mehr als einmal vorkommen, daß Redactionen deutscher belletristischer Journale mystificirt wurden und einzelne Goethesche Lieder, mit Namen von Fremden versehen, abdruckten und als neu vorführten. —

Hier war eine Vorhersage Goethe's eingetroffen: diejenige, daß seine Gedichte für die Popularität nicht sehr geeignet erscheinen würden. — Es war Goethe's langjähriger Freund und Verehrer, Karl Friedrich Zelter, welcher sagte: daß ein Lied gesungen werden müsse, um vom Kunstliede zum Volksliede zu werden, daß das Wortlied zum Musikliede sich erheben solle, um seine ewige Jugend zu behaupten. —

Mit dem größten Interesse verfolgte Goethe die vielfachen Versuche seiner musikalischen Zeitgenossen, welche seine Lieder zu Gesängen zu machen strebten. Er freute sich ungemein, wenn er zu bemerken meinte, daß die Musik der Form gerecht geworden sei und dem Inhalte eine richtige Empfindungs-Articulation verliehen habe. Daß er innerlichst von irgend einer Musik zu seinen Gedichten befriedigt worden wäre, ist nirgend nachzuweisen und über die ihm so tief eingeborene Freude über das „Experiment" des oder der Componisten ist er wohl selten hinausgekommen. —

Zu manchem Goethe'schen Liede tauchte Musik auf; aber sie flatterte meist nicht lange und senkte sich, wie die ermattete Lerche zu Boden. — Joh. Fried. Reichardt gab seine dürftigen Klänge und Zelter ging mit trockener, derber Gründlichkeit daran, etwas Tüchtiges aus den Liedern des Freundes herauszusingen; aber seine Natur war zu ungefügig, um den Olympier in dem zarten Schmelz seiner Erscheinung zu kennzeichnen. —

Reichardt recitirt gleichsam das, was er von Goethe's Wort-Accent und Rhythmus aufgefaßt hat, musikalisch gebunden und marquirt kaum die Arsis und Thesis der Empfindungen. — Zelter müht sich, für das Pathetische der schildernden Momente den Ausdruck zu finden; ist aber nicht im Stande, durch seine Heroldstöne das Dunkel zu verscheuchen, welches in seiner Musik die sonnenhelle Plastik Goethe's verhüllt. — Von den mit solcher Zartheit und Gluth erscheinenden Strahlungen des Gefühls weist Zelter grobkörnig nur eine Kategorie auf, besitzt also einen Maßstab, auf welchem die speciellere Gliederung nicht angebracht ist. — Das Goethesche Lied ist diesen beiden Musikern gegenüber ein wunderbares

Vögelein, das pfeilschnell über den Köpfen der Kinder fortschießt, welche dasselbe im angestrengten Laufe einzuholen und zu fangen streben. — In der That war Goethe's Lied über die Musikentwickelung damaliger Zeit hinaus und vorwärts geeilt und alle Künste der mechanisch abgerichteten Sänger nach italienischer Art würden nicht im Stande gewesen sein, jene Compositionen von Goethe'schen Liedern durch die Vortragsweise zu beseelen. Zelter empfahl daher: „daß der Sänger eine hohle Stimme machen müsse" und Aehnliches vergebens.

Obwohl Mozart in der Universalität seiner Kunst alle Mittel besaß, um selbst der Goethe'schen Lieder in seinem Styl mächtig zu werden, so fehlte ihm — dem an den Italienern Geschulten — dennoch die Kraft der feinst bemessenen Selbstbeschränkung, durch welche Goethe's Lieder so unvergleichlich erscheinen. — Mozart's „Veilchen," welche Schönheit und welchen Reichthum dasselbe auch in sich birgt, beweist, daß selbst ein Mozart sich auf die Ausnutzung der Zeitfolge angewiesen fand, um das darzulegen, was bei Goethe dem in einem Moment zu überschauenden Räumlichen der Anschauung und Empfindung angehörte. Der Musiker geräth mit seinem complicirten Apparat, mit Wiederholungen, mit der chronischen Interpretation weit über die Grenzen des Wortliedes hinaus — ein Zeichen, daß er in der Breite suchen mußte, was nur in der Tiefe zu finden war. — In anderer Art sehen wir Meister Beethoven arbeiten, um die Idee des Goethe-Liedes zu fassen, welche mit der Empfindung zu einem nicht zu trennenden Organischen verbunden ist. -- Der Gefühlsausdruck durchläuft bei Beethoven eine Progression nach der andern, um die Qualität des Gedankenhaften zu erreichen und das Lied durchaus zu erschöpfen; aber das musikalische Lied ist durch diese Behandlung dem Wortliede gegenüber zu einer musikalischen Architektur geworden, in welcher die Formen und der Duft der Blume des Liedes nur schwer wieder zu erkennen sind. —

Im Sturme der Zeit verhallten die Klänge des Goethe= schen Liedes und das in demselben zur Darlegung kommende vielgestaltige höchste Selbstempfinden eines universalen Genius klang nur noch wieder im Inneren der kleinen Zahl von Geweihten, besonders derer, die innerhalb seines persönlichen Lebenskreises standen. —

Es ist die Frage, ob je Einer dieser Auserwählten den Goethe=Liedern gegenüber einen Zug gefühlt hat, als müßten dieselben, um zur höchsten Vollkommenheit hinan= gehoben zu werden, sich mit dem musikalischen Tone um= kleiden. — Bei Goethe selbst hat sich diese Empfindung nie geltend gemacht, um so weniger, als er sich selbst in jenen Liedern nicht wieder erkannte, welche mit der Musik vermählt ihm entgegengetragen wurden. —

In der That setzen die Goethe=Lieder dem Hinzukommen irgend einer neuen Kunstform in ihrer organisch, rund ab= geschlossenen Vollendung den entschiedensten Widerstand entgegen. Die Malerei kommt ihnen gleich von vornherein nicht bei, trotz der deutlichsten Sehbilder, welche in den Liedern auftreten. Die vollendete Wiedergabe des optischen Bildes trifft, der Gliederung unserer psychischen Action gemäß, keineswegs direct unsere Gefühlserreger, während die Goethe'schen Sehbilder geradezu von der Empfindung entworfen zu sein scheinen. Wo es auch versucht sein mag, ein Goethe'sches Lied durch eine gezeichnete oder gemalte Darstellung zu versinnlichen, treffen wir, — wie sehr dieselbe auch malerisch den Namen Bild verdient — doch nur, dem Liede gegenüber, auf eine bloße Illustration. Die Musik, mit welcher, oder in deren Gewande bis auf Franz Schubert das Goethe'sche Lied erscheint, reicht nicht an die Plastik und Malerei in diesem Kunstgebilde hinan. Beethoven, welchem stets der Inhalt des rein Plastischen, der abstracte Gedanke als letztes Ziel zum Führer diente, schreitet vom Hör- oder Gefühlsbilde mit seltener Berührung des Raum- oder Sehbildes zum Gedankenbilde hinüber, das musikalisch durch die Dynamik der Analogien oder Contraste mit ihrer harmonischen Vermittlung im Sinn mathematischer Proportion, kurz durch die musikalische Architektur an sich ins Bewußtsein zu treten vermag. —

Für die Würdigung dessen, was Franz Schubert in seinen Compositionen der Goethe-Lieder schuf, ist es unerläßlich, über das Verhältniß, in welchem die künstlerischen Darstellungsformen in Goethe's Liedern erscheinen, wenigstens die hauptsächlichen Anhaltspunkte zu geben. Zuerst möge die Plastik der Gedichte betrachtet werden.

Die eigentliche Plastik, die Kunst des Bildhauers, erscheint zunächst für den Tastsinn schaffend. Die sculpturale Gestaltung stellt sich betastbar, begreifbar im Raume dar, welcher als etwas ohne weitere Nebenbestimmung Gedachtes gilt. In dem Abstracten des

Raumes liegt die Loslösung des sculpturalen Bildes von der **wirklichen** Welt. — Unser innerer Sinn bedarf des **Auges** nicht, um die genaueste Vorstellung von einer Statue zu erlangen, deren Formen, weil sie keinen dem **Lebendigen** angehörenden Reiz für das tastende Gefühl ausüben, auf fast unmittelbare Weise unsern Geist auf die Bedeutung dessen hinweisen, was in der Form dargelegt ist. — Der Inhalt eines plastischen Kunstwerkes echter Art wendet sich somit nicht an unsere **Empfindung**, sondern an unsere **Denkkraft**. Erst dann, wenn die Idee in uns hervorgerufen ist, bleibt es uns überlassen, für dieselbe das Aethergewand des Gefühls-Reflexes zu schaffen. Sprechen wir vom **Sehen**, sculpturalen Kunstwerken gegenüber, so steht das Auge nur als Ersatz des **Tastens** da und soll nichts an der Statue auffinden, was über die Sphäre des **Tastsinns** hinausreicht. — Das, was dem Reiche des Auges angehört, stempelt die Statue zu einem Lebendigen, welches sich hindernd vor die Erkennung des begrifflichen Inhaltes stellt; denn dies Lebendige ist selbst Etwas und **bedeutet** nicht bloß Etwas, gleich der Statue. Die griechischen Götter, gemalt und in der Bewegung der Lebendigen, würden in der Region des **Sehens** auf ewig dem Olymp entführt sein und in die Reihe der Menschenwesen zurücksinken, — unbemeßbar in ihrer freien Selbstbestimmung — anstatt Personificationen von abgeschlossenen Ideen, von **Uebersinnlichem**, darzustellen.

Nirgend fehlt bei **Goethe** das, was Etwas bedeutet, das bis zum Betasten nahe Geformte des Uebersinnlichen, der Bezug auf das universale Humane. — Er findet die Form hierfür in allen Regionen der plastischen Erscheinungswelt, vom Blümchen am Boden bis zur Wolke, vom summenden Käfer bis zum Menschen hinauf. Das kleinste erotische Lied, vielleicht nur einen Liebesseufzer zum Gegenstande habend, nähert sich mit seinen Schwingen an die Universalität und Gewalt der Lebensidee der Liebe — die heimlichste Waldesstelle, das nachtumwobene Kämmerlein, wie durch den Blitz des Gedankens mit dem Urgrunde des Alls verbindend. —

Tast- und Sehbilder verschmelzen oft bei Goethe in sinnberückender Schönheit. — Wir fühlen und sehen genaueste sculpturale Formen mit vollem Gedankeninhalt — und diese Formen erscheinen zugleich lebendig und Farben ausströmend, alle klar localisirt, alle unter der Herrschaft des herrschenden Lichtes sich in vorzüglichem Maße ihrer Art gemäß zeigend. Wer hätte Sehbilder geschaffen gleich Goethe? — Er schildert gar nicht; er braucht keine bloßen Vergleichungen, um völligst anschaulich zu werden, sondern seine Worte sind das selbst, was er vorführen will. Wir können die schwungreiche Beschreibung einer Landschaft, oder einer Persönlichkeit, durchgeführt bis ins Genaueste lesen, und uns doch sehr außer Stande finden, uns das zu veranschaulichen, was der Autor uns mit so vieler Mühe zu zeigen strebte. — Goethe giebt genau so viel, um uns gleich bei den Worten selbst unwiderstehlich zu nöthigen, das selbst nachzuschaffen, was er uns zu zeigen hat. —

Das Maß ist stets das richtigste in seinen verschiedenen

Verhältnissen und zugleich das wirksamste: denn nach den angeschauten Verhältnissen und Formen construirt der Leser mit Nothwendigkeit das volle Bild. —

Die gedankenreiche Plastik in Goethe's Liedern giebt den in das Bereich des Auges tretenden Gegenständen die Fähigkeit, nicht allein eine neutrale Beleuchtung, sondern Farbe und Bewegung anzunehmen und völlig deutlich zu bleiben. Die Färbung führt zu den Empfindungs-Kategorien und damit zu dem Hörbilde hinüber, welches durch die Sprachmusik in seinen Stimmungen dargestellt wird und die feinste Gliederung und die größte Mächtigkeit empfängt, um Alles, was das Bild giebt, zu umfangen und zu durchdringen. Die Plastik Goethe's ist weder farblos noch stumm und seine Musik ist nicht blind, sondern sehend: eine künstlerische Verschmelzung von Physis und Psyche, die immer den Reiz des süßen und erhabenen Geheimnisses bewahrt, wie oft wir uns auch in dieselbe versenken mögen. —

Es regt zum Nachdenken an, daß es dem Genius Goethe versagt war, auf andere Weise, als durch das Wort die Musik, die Licht- und Formenwelt seines Innern, als künstlerisches Abbild des Lebens selbst, zur Erscheinung zu bringen. Eben der Umstand aber, daß Goethe im Zeichnen und in der Malerei nicht über die Stadien einer mangelhaften Technik trotz aller Anstrengungen hinauskam und der Musik als einem ihm Fremdartigen gegenüberstand, hat die entschiedenste Wirkung auf die Vollkommenheit seiner Lieder ausgeübt. — Wenn ein Lionardo da Vinci das, was er ausdrücken wollte, nicht in einem plastischen Werke, oder in einem Gemälde zu beschließen vermochte, so gab er dem künstlerischen Gedanken durch ein Lied und durch Musik den offenen Weg, hinauszuströmen. Goethe konnte zu einer solchen Verschleuderung seiner inneren Schätze, zu einer solchen Entäußerung des Unfertigen nicht gelangen. Er mußte so lange bilden und formen, bis die latente Musik in seinem Innern im **plastischen, farbigen Wortbilde** zu tönen begann. —

Jetzt erst, nachdem wir das dynamische und formale Maß im dichterischen Schaffen Goethe's ahnungsvoll zu erkennen strebten, wird es deutlich, wie groß die Aufgabe war, seine Lieder in Musik zu fassen, ohne dies Maß in seiner antiken Simplicität und Ruhe zu verschieben und zu zerbrechen! Und doch blieb keine Kunst, als eben die Musik, um Goethe's Lieder mit ihrer unvergänglichen Schönheit völlig und für immer zum Herzens-Eigenthum des ganzen deutschen Volkes zu machen und damit die Lieder zu einem neuen Leben zu erwecken. —

Es war Franz Schubert, welcher als musikalischer Apostel des Goethe'schen Liedes erschien — ein Musiker und nur lediglich ein Musiker dem universalen Genius gegenüber, welcher in jeder Sphäre groß war, die er berührte. Die eine Begabung in ihrer außerordentlichsten Steigerung sollte den künstlerischen Ausdruck für das finden, was aus der Zusammenfassung des Reichthums eines Universalgeistes hervorgegangen war! —

Es darf, ohne weiter ins Einzelne einzugehen, gesagt werden, daß Franz Schubert von Goethe, was dessen persönliche Erlebnisse und dessen Studien, künst-

lerische und wissenschaftliche Strebungen betrifft, nur eine
sehr oberflächliche Kenntniß besaß. Ueberhaupt hat sich
das genaue Bild des Dichters den Epigonen allmälig
weit klarer, als der Masse seiner Zeitgenossen enthüllt.
Goethe war groß — das war unzweifelhaft; aber etwa
wie ein Thurm von polirtem Granit, der im Sonnenschein
blitzt und schimmert, übrigens aber unzugänglich ist. —
Schiller's Popularität legte sich außerdem deckend vor
Goethe's Gestalt und zwar besonders im zweiten Decen-
nium unseres Jahrhunderts, eben beim Aufgehen des Ge-
stirnes von Schubert.

Derjenige von Schubert's Freunden, welcher am
meisten befähigt gewesen wäre, dem Musiker bei einem
Studium Goethe's als Lenker zu dienen, Mayrhofer,
war in einer romantisch-phantastischen und philosophisch
grübelnden Richtung befangen und stand auch mit seiner
Neigung von Goethe abgewandt. — Die auf vollstän-
diger Einheit des Mannigfaltigen, auf harmonischer Auf-
lösung des Contrastirenden sich gründende Ruhe in Goethe's
Gedichten fand Mayrhofer unmusikalisch und schrieb
für den Freund Gedichte, die mit ihrem unbeholfenen und
außerdem hohlen Pathos sehr geeignet gewesen wären, ein
minder stark angelegtes musikalisches Vermögen, als dasjenige Schubert's, auf die Irrbahn zu treiben.

Franz Schubert trat, um das Wort zu gebrauchen,
an Goethe's Lieder mit völliger Naivetät hinan. Er fand
und suchte keine persönlichen Bezüge in den Gedichten, er
sah dieselben in keiner aparten, von den Entstehungsur-
sachen ausstrahlenden Beleuchtung; er hatte keine Veran-

lassung unter dem Kunstwerke noch etwas Anderes aufspüren zu wollen, um mehr in dem Liede zu hören, als was die Worte besagten. Schubert stand dem, in letzter Instanz gültigen, **schön Menschlichen** in Goethe's Liedern daher **unmittelbar** gegenüber. Für ihn konnte der Name Goethes nur den allgemeinen, nicht weiter zu artikulirenden Drang bewirken, Bedeutsames, Vollendetes zu schaffen und die Lieder als räumliches Maß der Musik streng zu respectiren. —

Eben weil Schubert gar nicht in Versuchung kommen konnte, dem persönlich Besonderen in Goethe's Liedern nachzuspüren, traf er mit ungeschwächter Kraft das unvergänglich Menschliche, welches in jeder Brust einen Wiederhall findet! — Und im Nimbus des Humanen erkennen wir den persönlichen Goethe bei Schubert viel deutlicher und lebensvoller, als in dem persönlich Besondern, das namentlich in Zelter's Lieder hereinzuklingen scheint. —

Es war, wie sich Schubert denn meist unter einem bestimmenden Zuge augenblicklicher Empfindung befand, sehr unabsichtlich, daß er als das erste der Goethe-Lieder den „Erlkönig" componirte. Das Werk ist so reich an dynamischen und formalen Factoren, wie kaum eine andere der Schubertschen Compositionen zu Goethe's Gedichten. Wir würden daher bei der genaueren Betrachtung der Schubertschen Goethe-Lieder den Vortheil der stufenmäßigen Darlegung der musikalischen Ausdrucksmittel nicht benutzen, wollten wir die Versuche unserer Analysen mit dem Erlkönig beginnen. —

Wir glauben einen Zug tiefer Verwandtschaft zwischen Goethe und Schubert zu berühren, wenn wir in dem mächtigen und tiefen Naturgefühl beider den Anlaß finden, unsere Studien mit den Liedern zu beginnen, welche im Schmuck landschaftlicher Farbentöne erscheinen. Diese Färbung, von Goethe stets mit besonderer Vorliebe behandelt, könnte man als die Mitte zwischen der Formenwelt und der Sprachmusik Goethe's einnehmend bezeichnen, ließen sich bei dem Dichter solche Trennungen machen. —

Da das an äußeren Begebenheiten so arme Leben des Tonmeisters in keinem nachweisbaren Bezuge zu den meisten seiner Compositionen steht, so würde die Zeitfolge der Erscheinung derselben kein concretes Interesse bieten, weshalb wir die bezüglichen Notizen bei der Vorführung der einzelnen Lieder beifügen werden. —

Und somit beginnen wir die Betrachtung der Goethe-Lieder Schubert's mit

I. Jägers Abendlied.
(Des dur $^2/_4$ Takt.)

Das Musiklied ist von dem stillen Frieden angehaucht, welcher in der Stimmung einer offenen Landschaft in der zur Nacht hinüber neigenden tieferen Dämmerung eines ruhigen Abends sich kund giebt. — Das Wortlied hat, was die Scenerie betrifft, nur den mehr zu ahnenden, als deutlich ausgesprochenen Aufblick des Jägers zum Monde als Mittel, um die landschaftliche Umgebung zu kennzeichnen, auf welche nur noch die Ueberschrift hinzeigt, die hier dem Beschauer des Stimmungs=

bildes die Stellung anweist. Die vierte Strophe des Liedes:

"Des Menschen, der die Welt durchstreift
Voll Unmuth und Verdruß" —

stellt sich in scharfen Contrast zu der Scenerie und zu dem Bilde, das im Innern des Jägers aufsteigt. Bei dem still wehmüthigen Zusammenstimmen der Musik legt sich diese Strophe störend in den Weg und es ist daher unstreitig die Absicht Schubert's gewesen, dieselbe fallen zu lassen, so daß die Dissonanz der Stimmung des Wortliedes in dem Texte zu der Musik in den Ausgaben fehlt. — Das Wort "wild" zu Anfang des Gedichtes hat dadurch freilich eine Stütze verloren; wird dagegen als Gegensatz zu der "milden" Erscheinung der Geliebten desto bemerkbarer. Ohne Vorspiel beginnt der Abendseufzer des Waidmanns in leisen, sehnsüchtig gedehnten Intervallen des Vocalen, welche in den ersten sechs Takten auf den guten Takttheil fallen. — Draußen und im Innern des Jägers waltet eine dämmerlich verschwimmende, zur Traumes-Region hinüberführende Welt, aus welcher sich mit sanftem Lichtglanz das Bild der Geliebten emporhebt. In der ersten Hälfte des Liedes hat die rhythmische Anordnung des Instrumentalen etwas an den Schleichtritt des Jägers Mahnendes: in der Oberstimme der Begleitung wiederholt sich die Sechszehntel-Pause des aufhorchenden Erwartens für die Thesis des Taktes sammt einer wirksamen Figur von drei Sechszehnteln. — Der Baß bleibt in der ersten Hälfte der Strophe ruhig und bedeutsam liegen, während die Oberstimmen in halben Tönen aufsteigende Sexten und Terzen zeigen, welche die,

aus der tiefen Ruhe aufstrebende elegische Sehnsucht uns nahe legen. — Die harmonische Färbung hat namentlich in der feinsinnig gewählten Tonart, ein traulich und süß=
kosendes Element, das sehnsüchtig zur Ferne strebt. Von der Mitte des Liedes an hebt sich bei den Worten: „Da schwebt so licht dein liebes Bild" die Empfindung; aber die instrumentale Modulation nach der, Befriedigung des Sehnens verheißenden Unterdominante, läuft in einen Trugschluß aus.... Es ist, als wenn durch diesen tief= gefühlten Zug der Componist das, in der ersten und zweiten Strophe des Wortliedes, eingeführte Bild der Geliebten wieder geisterhaft zerrinnen ließe. Der Jäger vermag die Traumgestalt nicht fest im Auge zu halten und die still wandelnde Geliebte hat wohl nur die Ahnung, daß der Seufzer des Jägers ihr vorüber lispelt. — Still und klar leuchtet der Mond auf das Dämmerungsbild, in welchem es wie ferne Abendglocken und Summen heimkehrender Bienen klingt; Frieden umfängt den Waidmann; aber nicht lange schweigt das sehnende Herz, denn mit jenem vorhin erwähnten Trugschlusse steigt auch die Empfindung auf: Du hast nicht, was dir fehlt. — Die Sehnsucht bleibt im Grunde zurück; es war eben nur ein lichter, lächelnder Strahl des Friedens, der den träumerisch Wandelnden wohlthuend umfing — „er weiß nicht, wie ihm gescheh'n!"

Die ganze Innigkeit und Zartheit des Goethe'schen Liedes mit der Deutlichkeit der Figur des Jägers und der Scenerie, welche letztere das Musiklied noch bestimmter als das Wortlied heraushebt, kommen bei Schubert's Abendliebe zur Erscheinung. — Quellende Fülle der Em=

pfindung bringt uns entgegen bei ungekünstelter Festigkeit der Gliederung, welche dem Verschwimmenden kräftig entgegen arbeitet. Es würde ein Verfehlen sein, sollte der Vortrag auf ein starkes Accentuiren der wechselnden Farben der Empfindung gerichtet werden; aber nicht weniger verträgt das Lied ein weichliches Versenken in das Sehnsüchtige. — Dichter und Musiker haben ihm hinreichende Plastik verliehen, damit dasselbe nicht in undeutliche Umrisse zerfließe. Es ist eben ein Waidmann, welcher singt! —

Jägers Abendlied, 1816 componirt, erschien mit „Schäfers Klagelied," „Haidenröslein" und „Meeresstille" als Schubert'sches Opus 3 im Jahre 1821 und zwar bei Cappi und Diabelli in Wien. — Sieben Jahre fast hatte Schubert seine wunderbare Kraft durch unausgesetzte Arbeit gestählt; außer seinem Ringen auf dem Felde der, besonders durch die stümperhaften Libretti seiner Freunde ihm verschlossenen Bühne, waren seine ersten sechs Symphonien geboren und dennoch hatte der zum Meister Gewordene keine Note an den vier Liedern zu ändern, welche er als aufblühender Jüngling schrieb. — Gewiß ein Umstand, der nicht weniger als unsere analytischen Andeutungen beweist, wie vollkommen er aus seiner Natur heraus, den Dichter umschlungen hatte. —

II. Schäfers Klagelied.
(C moll $^6_8$ Takt.)

Wie in „Jägers Abendliebe" ist die Sehnsucht nach der fernen Geliebten das Motiv der Grundstimmung dieses

"Klageliedes des Schäfers." — Der Scenerie ist eine entschiedene Bedeutung beigelegt und die Wechselbezüge zwischen der Stimmung des Landschaftlichen zu derjenigen des Innern des Schäfers schlingen sich zu einem ausgeführten Bilde zusammen, in welchem die Gestalt des Schäfers mit der Lebendigkeit des Dramatischen erscheint.

Mit ungezwungener Sicherheit hat Schubert das lyrische Idyll musikalisch erfaßt und für die Darlegung des Reichthums desselben gegliedert. — Das strophische Gebäude ist ungemein einfach und widerstrebt daher, wenn es gilt, sich einem Wechsel musikalischer Stimmungsausdrücke zu bequemen. Schubert sondert das Gedicht in drei Theile. Sowohl der Situation, als der Gefühlsweise entsprechend führt er zu den Worten der zweiten Hälfte der vierten Strophe des Gedichtes einen musikalischen Zwischensatz ein, um den Uebergang zu der Wiederholung des zweiten und ersten Haupttheiles zu vermitteln.

In den ersten neun Takten singt uns der Schäfer seine schmerzliche Empfindung, mit welcher er so oft vom Berge herab ins Thal niederschaut. — Das Lied hat hier ein lichtgezeichnetes optisches Bild des sehnend sich vorwärts neigenden, mit den Augen zu der fernen Geliebten hinstrebenden Jünglings. Die Musik faßt von dem Sehbilde das Hinabschauen und Hinabstreben ins Thal mit all dem Schmerz, welcher sich daran knüpft. Im dritten Takte dringt die kleine None in den treibenden Dominant-Septimen-Accord wie schneidend und klagend ein und zum tausendsten Male fühlt der Schäfer die Gewißheit seiner Liebe und seiner Qual. Der Satz ist einfach gehalten und schließt im Hauptton ab. — Auf dieser Grundlage erheben sich die anderen Theile. —

Der Schäfer, völlig von dem Gefühlszuge, der ihn beherrscht, der Außenwelt abgewendet, folgt unbewußt der zu Thal ziehenden Heerde und findet sich unten, er weiß nicht, wie es zugegangen. — Dieser Theil der Composition bewegt sich in der mit dem Hauptton verwandten Dur=Tonart, in welche in bemerkenswerther Art mittels zweier Takte übergeleitet wird. — In der zweiten Hälfte des ersten Ueberleitungstaktes löst sich die als Vorhalt übergebundene große None in die Octave des Grundtons auf. Das schmerzliche Ferment der None weicht und Ruhe umfängt den in die Erinnerung glücklicher Stunden sich versenkenden Schäfer. Der vocale Theil, die Stimme des Sängers, ergeht sich in lieblicher, traumsinnender Tonfolge; das Instrumentale deutet in einfachster Weise auf den sinnend Hinabsteigenden, der, wie es der Baß durch den hier eingeführten Orgelpunkt darlegt, sich unwillkürlich mit allen seinen Gedanken und Empfindungen um das Bild des Geliebten bewegt. —

Die Empfindung wird schmelzend und rührend, wenn Schubert nach den Worten: „Und weiß doch selber nicht wie" — zu dem Moll der Dominante der Haupttonart hinüber modulirt und zum As dur des dritten Theiles und damit zu einem neuen Stadium der Seligkeit des Traumes des Schäfers hinleitet. — Die wirkliche Scenerie fügt sich dem Traum ein, ohne ihn zu zerstören; ja sie hebt ihn zur Höhe der Wirklichkeit. — Er steht auf der Wiese und um ihn her dehnt es sich wie ein Blumenmeer; er neigt sich und beginnt zu pflücken — bis ihm die Hand bei dem Gedanken sinkt: wem er die Blumen geben soll! — Im Vocalen liegt ein Schwebendes, begeistert Wonniges und das Instrumentale tritt aus der Bewegung in Achteln in die reichere von Sechszehnteln... Die Empfindung behauptet ihre Aufregung; aber mit dem „(ich) b r e ch e sie" kündigt sich das Eintreten der Wirklichkeit an und ängstlich betroffen klingt die Frage: „Wem ich sie geben soll?"

Hier bricht die Begleitung, ihre Sonderstellung aufgebend, die arpeggirte Figur ab und weckt gewaltig den wachen Träumer, der Regen, Sturm und Gewitter jetzt erst hereinbrechen sieht. Das Vocale nimmt ergreifenden dramatischen Ausdruck an, von dem Instrumentalen unterstützt, so die erregte Natur und den Aufruhr im Herzen des Schäfers zugleich umfassend. — Das Wetter verzieht sich, die helle Sonne grüßt und der Schäfer hat den letzten Rest seiner Visionen eingebüßt. — Die Fermate auf dem vierten und fünften Achtel des Schlußtaktes dieses Satzes berührt wie ein bang erwartendes Aufathmen. — Seine Augen sind wie durch Zauber auf das Haus der Geliebten gerichtet. „Die Thüre dort bleibet verschlossen," klagt schmerzlich die Stimme des Schäfers in enger, beklommener Intervallenfolge, indeß das Instrumentale in enger Harmonie, nicht über eine Octave umfassend, die Oberlage des Instrumentes wählt und eindringlich die Klage darlegt. —

Durch zwei überleitende Takte gelangt Schubert zum folgenden Satze des Liedes.

„Es steht ein Regenbogen,
Wohl über jenem Haus" —

Von Farbenglanz umfangen steht in seltsam funkelndem Gewande das Häuschen der Geliebten da, das einst die ganze Herrlichkeit der Erde für den Schäfer umschloß. — Aber seinem Herzen bringt der schimmernde Bogen den Frieden nicht; „sie aber ist fortgezogen und w e i t in das Land hinaus." Das Wort „w e i t" wirkt im Vocalen als Accent des heftigsten Schmerzes. —

In der instrumentalen Oberstimme der nun folgenden beiden Ueberleitungstakte hebt es sich wie ein schmerzvolles Aufathmen zwei Mal in drei Achtelfiguren; dann erweitert sich die Bewegung mit dem Einführen des leiterfremden Tones „H" in dem zweiten jener beiden erwähnten Takte. Es ist ein neues Moment zu der Empfindung, womit er im ersten Theile vom Berge in die Ferne schaute, hinzugekommen: die Abneigung gegen das Land dort in der Ferne, vor der dem Schäfer feindselig entgegen blitzenden See, die er mit seinen Lämmern nicht zu überschreiten vermag . . . .

„Hinaus in das Land und weiter, —
Vielleicht gar über die See" —

Die strebenden Flügel schmerzlicher Sehnsucht sinken und das Vocale, wie die Begleitung das Motiv des ersten Theiles mit erregtem Accent des Wehs wieder aufnehmend, legen die Machtlosigkeit des Jünglings, dem Geschicke gegenüber dar und lassen ihn in das Gefühl versinken, daß Das, was er liebte, für ihn unwiederbringlich verloren ist. — Die ⨍ Pause vor dem Schlusse „so weh!" berührt wie ein Seufzer des brechenden Herzens. — Kurz, aber mächtig

in dieser Gedrängtheit faßt Schubert in den drei letzten
Takten die reich gegliederten Kategorien der Stimmung
der Haupttheile des Liedes zusammen. Das Nachspiel ist
aus der ersten Hälfte des sechsletzten Taktes und der
zweiten Hälfte des vorletzten Taktes des vocalen Theiles
gebildet, welchen Takttheilen die Textesworte: „dem
Schäfer ist gar so weh!" zufallen. —

Eine Vergleichung des Wortliedes mit dem
Musikliede zeigt das sichere, ja kühne Verfahren
Schubert's, sich die freie Entfaltung des am meisten
deutlichen und eindringlichen Ausdrucks zu sichern. — Das
Gedicht liegt entschieden auf der Seite des Gefühls-Reflexes, der reproducirenden Erinnerung. Der Schäfer
schaut den Berg von fern und obgleich er im Präsens erzählt, so erzählt er doch das als Vergangenes Angeschaute.
— Nur der letzten Strophe des Gedichtes kommt die
Eigenschaft des Unmittelbaren zu, das ihn nicht zu
trösten vermag.

Bei Schubert finden wir uns sofort anstatt bei der
obliquen in der directen Explication und sind in die Action
mit hineingezogen. Das unbewußte Versenken des zu Thal
steigenden Schäfers, das Hereinbrechen des Gewitters, das
Verschwinden des wachen Traumes, als könne sich die Geliebte noch einmal grüßend und winkend in der Thür der
kleinen Hütte zeigen, das Aufstrahlen des Regenbogens,
alles das drängt mit dramatischer Kraft heran und behauptet doch die wehmüthige Stimmung des Textes, indeß
sie die Affecte in thatlosen Schmerz eintaucht. — Das
Gedicht ist an Anschaulichkeit und Färbung, sowohl was

die Scenerie als die articulirte Empfindung betrifft, in potenzirter Weise neu musikalisch geschaffen, und doch sehen wir klar und groß die Augen Goethe's daraus hervorleuchten. — In dem Gedicht weht es wie ein Hauch aus der poetisch-conventionellen Schäferwelt des achtzehnten Jahrhunderts: dieser Zug ist bei Schubert der bewegt pulsirenden Naturwahrheit gewichen, die den jungen Hirten selbst ohne irgend eine versteckte Beziehung zu dem Autor des Gedichtes oder dem Sänger des Liedes vorführt. —

Der musikalische Aufbau des Liedes ist von größter Schönheit. Die quellende Empfindung verleiht der melodischen Bewegung einen außerordentlichen Reiz und trägt die kennzeichnende Tonfolge der Melodie der ersten Strophe in die zweite und dritte hinein, mit der Melodik und Rhythmik derselben sich mischend. Mit Cmoll beginnend und die Accorde voll darlegend, folgt Esdur, dann Asdur, im Zwischengliede Asmoll, darauf wiederholt sich der Esdur-Satz und zum Schluß der erste Satz in Cmoll. In der die Hauptmomente umfassenden großen Gliederung erkennen wir, den Strophen des Wortliedes entsprechend, sechs Abtheilungen. Vier derselben sind in selbstständiger Weise behandelt; dann tritt aber für den festen lyrischen Zusammenschluß die Wiederaufnahme der musikalisch ersten Strophe für die Schluß-Strophe und der musikalisch zweiten für die fünfte Strophe des Wortliedes ein, so ein vollständiges Durchdringen des Gedichtes durch die Musik bewirkend. — Bei dem in festester Fügung sich zeigenden Reichthum der Form ist es Schubert außer bei den beiden Schlußzeilen doch nur einmal nothwendig

geworden, zu einer Wiederholung der Worte zu greifen.
Er setzte anstatt:

„Da stehet von schönen Blumen
Die ganze Wiese so voll" —

„Da stehet von schönen Blumen, da stehet die ganze
Wiese so voll." Und all jene Traumseligkeit des Schäfers
hätte nicht fesselnder gegeben werden können, als durch die
Wiederholung jener schwebenden Figur, welche zum ersten
Male auf „von schönen," sodann auf „da stehet
die" trifft. Dies Uebertragen legt, wie das Fortschreiten
der Melodie durch die verschiedenen Tonarten und das
Verschlungene der Stimmungsmomente mit inniger Wärme
das Leben im Innern des jungen Hirten für unsere Sympathie offen dar. —

III. Der Fischer.
(B dur 2/4 Takt.)

Für Goethe war es nicht allein weniger Genuß,
„durch Feld und Wald zu schweifen," es war zwingendes
organisches Bedürfniß, sich von der frischen Luft und dem
kühlen, lebendigen Wasser umfangen zu lassen. Außer
Byron schwebt uns kein Dichter vor, welcher einen solchen,
ganz unabweislichen Zug für die „Flügel des Windes"
und die „schimmernde Fluth" besaß, als Goethe, —
nur zog dieser das neu Belebende der Bewegung der Luft
und Byron das Pathos des zerstörenden Sturmes vor,
wie Byron, wenn es das Wasser gilt, zunächst das Meer,
Goethe einen von reizender Landschaft begrenzten Fluß

meint. Wer das schöne Thal der Ilm und die noch effect=
reicheren Ufer der Saale kennt, der wird bald heraus=
finden, daß Goethe die Najaden dieser Flüsse so sehr
ins Herz geschlossen hatte, um ihre Züge zu zeichnen, wenn
er Wasser= und Fluth=Göttinnen zeichnen wollte. —

Man kann den „Fischer" nicht lesen, ohne an die
reizende Ilm zu denken, an den sanften Bach, der die
ganze Nacht
>"Im süßen Monat Mai
>Den träumerischen Wipfeln singt
>Die leise Melodei."

Wir sehen den Park von Weimar und das Webicht,
ein dichtes Laubgehölz, die berühmte Wiese mit Goethe's
Gartenhause, Ettersburg, Berka, schimmernde Flu=
ren, moosige Felsenformen — und hier und dort blitzt es,
wie lichter Sonnenstrahl aus dem Grün hervor und grüßt
drüben und in der Nähe, um sich wieder zu verstecken: es
ist die Ilm. —

Selbst in stiller, lauer Sommernacht tauchte Goethe
— damals ein Apoll mit Athletenkraft — in die Fluth der
Ilm und wir sehen ihn, weiß wie ein Schwan, vom auf=
gelösten langen dunklen Haar umflossen, die Wellen durch=
schneiden. —

Es darf nicht unerwähnt bleiben, daß Schubert,
ähnlich wie Goethe, die innigste Hinneigung zu der, der
Cultur nahestehenden Landschaft empfand, deren Formen
und Verhältnisse, mehr anmuthig und traulich, als erhaben
und „schreckhaft," wie Schubert sich ausdrückt, zum
Herzen reden. Es ward Schubert außerordentlich schwer

in der Sprache einen Ausdruck für Das zu finden, was er
durch Musik mit solcher Leichtigkeit und solchem mächtigen
Nachdruck ausströmt. Was wir von seiner Hand bezüglich
des sprachlichen Ausdrucks besitzen, reicht über Briefe an=
spruchslosester Art nicht hinaus. —

In einem Briefe aber — von Steyr aus an seinen
Bruder gerichtet — läßt uns Schubert einen Blick in
die wunderbare Werkstatt werfen, aus welcher so viele
Landschaftsbilder von unvergänglicher Schönheit hervor=
gingen. — Schubert hat dem Bruder eine Schilderung
seiner Reise versprochen und ächzt und stöhnt ob der er=
schrecklich schweren Arbeit. — Die schönste Partie dieses
schwerfällig geschriebenen, aber merkwürdig klar anschau=
lichen Briefes ist die folgende, welche ein Flußthal — das=
jenige der Salza — beschreibt. —

„Dir die Lieblichkeit dieses Thales zu beschreiben,“
heißt es, „ist beinahe unmöglich. Denke Dir einen Garten,
der mehrere Meilen im Umfange hat, in diesem unzählige
Schlösser und Güter, die aus den Bäumen heraus= oder
durchschauen; denke Dir einen Fluß, der sich auf die
mannigfaltigste Weise durchschlängelt; denke Dir Wiesen
und Aecker, wie eben so viele Teppiche in den schönsten
Farben, dann die herrlichen Wasser, die sich wie Bänder
um sie herumschlingen und endlich stundenlange Alleen von
ungeheuren Bäumen, dieses Alles von einer unabsehbaren
Reihe der höchsten Berge umschlossen, als wären sie die
Wächter dieses himmlischen Thales, denke Dir dieses, so
hast Du einen schwachen Begriff von seiner unaussprech=
lichen Schönheit.“ —

Trotz aller Unbeholfenheit des Satzbaues ist das Bild außerordentlich klar und selbst ein Meister hätte nicht besser in raschen, charakteristischen Umrissen zeichnen können. — Es mahnt an Goethe, wenn Schubert der Welt, welche sich der Mensch in diesem „Garten" baute, eine so liebevolle Aufmerksamkeit schenkt, obgleich Alpenspitzen winken, um seine Phantasie gefangen zu nehmen. Die Melodie zu der Harmonie der Landschaft bildet der geschlängelte Fluß, der bei Schubert die Salza, — bei Goethe die Ilm oder die Saale heißt. —

Eine mit zauberischer Lieblichkeit erscheinende Mahnung an die Urkräfte unseres Erdsternes schmückt die von Menschenhand zu einem Garten gestaltete Landschaft — es ist der Fluß, der keine der Eigenschaften des Elementes aufgegeben hat, welchem er angehört. — Das Furchtbare, Menschenfeindliche ist aber der Lieblichkeit gewichen und in die Tiefe gesunken, wo es schweigend lauert, wie auch oben die Sonne blitzen mag. — Das kleine Gewässer ist ein Freund der Menschen geworden, der ihnen dient und sie ergötzt und labt. Aber die Elementar-Macht ersieht ihren Moment, um heraufzudringen in die Oberwelt und sich an Beute zu sättigen. —

Es giebt wenige Gedichte, in denen das Reizend-Tückische der Wasserwelt in so einfacher, hinreißender und tiefsinniger Weise Gestalt gewonnen hat, als in Goethe's „Fischer." Ohne von Deutschland zu reden, darf man sagen, daß diese lyrische Ballade zu den Gedichten Goethe's gehört, welche am meisten bekannt und volksthümlich geworden sind. Namentlich ist es für die Engländer — die Freunde der Gewässer und die Landsleute des dichtenden Anglers, Isaak Walton — zu einem ausgesprochenen Lieblingsgedichte geworden. —

Die Sprache der Ballade ist von durchsichtiger Klarheit; einfach, wie die des wirklichen Volksliedes und nur stellenweise einen idealen Schwung zeigend. Die Bewegung ist leicht, von flüssiger Gliederung und die Reimschlüsse liegen, wie die sich hebenden und senkenden Wellen wechselnd dicht nebeneinander. Der Wohlklang ist zugleich höchst charakteristisch, in seinem melodischen Fall auf eine Undulation fast musikalisch hinweisend. —

Die Melodik steht in genauestem Bezuge zu der Plastik: sie vermittelt den deutlichsten Umriß der Form. Und in wahrhaft plastischer Anschaulichkeit treten die beiden Figuren der Ballade hervor, denen ein Hauch der Antike nicht mangelt, wie lebensvoll sie auch erscheinen. Das „feuchte Weib" ist mit dem Reize der Najade geschmückt; aber sie besitzt die Gluth und die Tücke der Nixen und hat in ihrer verlangenden Leidenschaftlichkeit die Schweigsamkeit und scheue Stille der Gespielinnen der Faunen, Satyre und Panisken abgestreift. — Der Fischer ist ganz der bethörte Jüngling des deutschen Volksliedes — in wenigen Zügen, aber vollkommen anschaulich gezeichnet.

„Das Wasser rauscht, das Wasser schwoll!" Der reizende Fluß offenbart sofort die Natur seines Elementes, wie verborgen das Drohende auch noch sein mag. Es hat keine Gefahr, dies Wellenspiel.

„Ein Fischer saß daran,

Sah nach der Angel ruhevoll,
Kühl bis ans Herz hinan!" —

Das wundervoll klare Bild ist mit seinem Erscheinen zugleich nach Innen gelegt und deutet auf die bestrickende Macht der Tiefe, dies ruhevolle, kühle Herz zu erobern... Aber das ganze Gedicht ist nur eine ununterbrochene Folge von fesselnder Schönheit und innig verschlungenem Menschenleben und Naturwalten!

Bei Sch u b e r t nimmt das V o c a l e den Schwung der Schilderung auf und bildet in feinster Charakteristik das Plastische heraus, während es zugleich die treffendsten dramatischen Accente findet. An Wohlklang und Feuer, an zartem Sinn für die rhythmischen Schönheiten, an dem bezeichnenden Hervorheben der Reimschlüsse wetteifert das strophisch behandelte Musiklied mit dem Goethe'schen Gedichte.

Der instrumentale Theil nimmt seine Rhythmen von der Bewegung des Wassers, das Vocale — welches im Instrumentalen durchzufühlen ist — tragend und die Accente klar und tief darlegend, obgleich die gewählten Mittel sich einfach auf den Wechsel zwischen Tonika, Dominante und Unterdominante beschränken. — Trotz der reizenden Klangwirkung liegt in der musikalischen Strophe ein seltsam Mahnendes, Drohendes, das in dem Wortgedicht nur in den ersten Worten: "Das Wasser rauscht, das Wasser schwoll" angedeutet ist, welche erst in der letzten Zeile des Gedichtes ihre tragische Erklärung finden. Die Wirkung hat daher im Musikliede einen sehr wesentlichen Factor mehr aufzuweisen. —

Was die wennige, Sehnsucht erregende Schilderung des Wassers betrifft, so ringt der Componist mit dem Dichter um den Preis. Da der Musiker hier an dem Festhalten der Strophe eine starke Hemmung findet, die wechselnden Bilder mit gleicher Genauigkeit wie der Dichter zu geben, so hat er sich auf die Darlegung des Intensiven der Empfindung zu berufen, welche in der That etwas Unwiderstehliches besitzt. — Von großer Wirkung ist die musikalische Sprache bei den Worten: „Theilt sich die Fluth empor"... Schubert geht rasch von der Tonart der Dominant in die der Unterdominant über und erweckt eine Empfindung, als eröffne sich plötzlich dem Blicke die Tiefe der Gewässer mit ihren lockenden und doch so unheimlichen Räthseln, während der trügerische Reflex der Oberwelt verschwindet. — Gleich darauf tritt der vorige Wechsel zwischen Tonika und Dominante wieder ein. Das liebliche Rauschen der sich kräuselnden Wellen — mit einem Anklingen an das instrumentale Motiv der ersten „Müllerlieder" — wird unnachahmlich durch die Rhythmik sowie durch einen charakteristisch eingeführten Pralltriller nahegelegt. Den Schluß bereitet ein verminderter Septimen-Accord vor, bei welchem im vocalen Theile, zu den Worten „feuchtes Weib" die einzige im Liede vorkommende leiterfremde Note (h) ertönt. Das sehnende Verlangen der Erscheinung aus der Tiefe steigert sich damit zu leidenschaftlicher Gluth, zum Hinstreben und Umfangen, und sowie dieser Accent eintritt, ist die Kraft des treibenden Septimen-Accordes entschieden vermindert. — Dort Steigerung der Lockung, hier Sinken des Widerstandes — „es war um ihn geschehn!" — Meistermäßiger, als in dieser Composition kann sich mit dem Goethe'schen Gedichte unmöglich die Musik verschmelzen; sie giebt sich ganz dem Gedicht hin und nimmt doch dasselbe völlig in Anspruch.

Der „Fischer" erschien im Opus 5 im Jahre 1821 bei Cappi und Diabelli mit „Rastlose Liebe," „Nähe des Geliebten," „Erster Verlust" und „König in Thule." Das Opus war Salieri gewidmet, der allerdings wenig dazu angethan war, die Bedeutung der fünf Edelsteine zu erkennen, da er zu sehr des italienischen Flitters gewohnt war. Componirt ward der Fischer 1816. Es soll der „Fischer" gewesen sein, welcher bei dem Durchspielen des seit so langer Zeit vergessenen Manuscripts einen, bei dem schweigsamen Tonmeister seltenen Lobspruch erhielt: „Aber schau, das ist nit uneben!" Heute sagen wir: Schau, das ist **unsterblich**!

IV. Meeresstille.

(C dur 4/4 Takt.)

Die Stimmung, welche der Dichter angesichts des Meeres an sich heranschleichen fühlt, besitzt nichts von der behaglichen Empfindung, welche seine mäandrische, blumenumkränzte Ilm in ihm immer aufs Neue weckte. Die Adria, wie sie bei Venedig erscheint, konnte von dem Rahmen eines künstlerischen Bildes noch immer umfaßt werden und Goethe erfreute sich dieses Stückes Meeres mit einer an seine Jugendzeit erinnernden Begeisterung. In Neapel aber trat er dem Tyrrhener-Meere gegen-

über, um ihm ernst in das Auge zu blicken. Das ganze Mittel=
meer erweckt, wie scheinbar unendlich sich dasselbe dehnen
mag, den freundlichen Gedanken an die allenthalben in
geringer Entfernung winkenden Gestade, ganz unähnlich
den Oceanen; aber den Dichter aus dem Herzen Deutsch=
lands muthete das Tyrrhener=Meer, trotz seiner bei Neapel
paradiesischen Küste, dennoch abweisend und ein Gefühl des
geheimen Grauens, gleich der Unendlichkeit erregend an.
— Das Ursein, der tellurische Schöpfungsgedanke, von
ihm längst in der mannigfaltigsten Kleinform geahnt, trat
ihm mit der den Menschen niederdrückenden Wucht der
einheitlichen Existenz; beim Anblick des Meeres nahe und
hier war's, wo Goethe zuerst in voller Deutlichkeit die
Idee seiner Urpflanze faßte, deren Construction er auf
das Princip des Blattes concentrirte — ein Fingerzeig,
welcher schließlich auf den Anfang des Anfanges, die
Zelle führte. Der Forscher, der über das Universum
in seiner buchstäblichen Bedeutung nachsinnende Denker,
hat dem Dichter den Blick des Auges verliehen, womit er
in der „Meeresstille" den Pelagos anschaute. Noch ist
nichts, als die im einheitlichen Sein ungetheilte und daher
ruhende, unendliche Kraft, welcher der Schiffer in all seiner
ephemeren Winzigkeit gegenüber gestellt ist — der Mensch,
der die subtilste Theilung und Bewegung der tellurischen
Kräfte in sich vereinigt und sterben muß, wenn diese Be=
wegung aufhört, durch welche die Kräfte vorübergehend
zusammengehalten werden. —

Ungeachtet der rein abstracten Grundidee des Gedichtes
ist es das sinnlich faßbare Object, welches mit seiner Stim=

mung sich geltend macht. Die Musik hat eine schwere Aufgabe bei diesem so kurzen und so mächtigen Texte zu lösen gehabt. — Sie soll durch Töne die tiefe Stille, durch Bewegung das starr Ruhende darstellen! — Schubert verlegt die Stille in den Rhythmus, das Ruhende in die Monotonie des Orgelpunktes und stellt dar, welche Kräfte es sind, die augenblicklich hier als gefesselt erscheinen. —

Das Lied, vier Zeilen haltend, ist groß; die Musik ist es nicht minder. — In lang gehaltenen Intervallen giebt Schubert während der ersten acht Takte in jedem derselben nur zwei Silben des Textes. Das Instrumentale spricht in langgehaltenen, monoton einander folgenden arpeggirten Accorden. — Gegen den Text erscheint die Musik die größere Ruhe zu besitzen. Es ist der Stoff ruhend in wuchtiger Schwere, welcher sich breit und selbst für den Blick nicht mehr zu umfassen gelagert hat. Die Arpeggien bringen das Weiche, Flüssige des ruhenden Elementes dem Gefühl deutlichst nahe. — Es läßt sich ein Anschlag der Accorde erreichen, welcher es vermeidet, die Tonmasse völlig aufzulösen und zur Undulation hinüberzuführen. Der bewegliche Charakter der ruhenden Masse soll gekennzeichnet werden, aber es handelt sich darum die Bewegung selbst n i c h t einzuführen. — Das ist das Meer selbst in der directen Erscheinung. Um dieselbe, ohne die ruhende Majestät des Elementes anzutasten, articulirter darzulegen, wird der Mensch, der ruhelose Schiffer, dem Meer gegenüber gestellt — er, welcher Wind und Sturm als seine Verbündeten grüßt, um die Wasserwüste zu durchziehen und das Glück zu erjagen. — Die Stimmung macht

sich in eindringlichster Weise geltend, so wie sich das Leben innerhalb des Zauberkreises des Fürchterlichen zeigt. — Es ist die Fülle des Machtvollen, welche in den Schluß=
fällen in Dur ausklingt; sowie aber der Schiffer auftritt, begegnen wir dem einzigen Schlußfalle nach Moll, welcher in seiner Isolirtheit um so stärker wirkt („Und bekümmert sieht der Schiffer"). — Bei den Worten: „Glatte Fläche rings umher," wird ein Orgelpunkt im Baß des Instru=
mentalen eingeführt, welcher trotz des in dem Schiffer gegebenen Bewegungsmotivs die Vorstellung der Ruhe der Situation festhält. Der kleine Quintensprung von dis nach a in der Singstimme bei den Worten: „K e i n e Luft (von keiner Seite") zeichnet scharf das Gedrückte, Beküm=
merte im Innern des Schiffers und erweckt die Vorstellung von der Gluth, die vom Himmel auf den Stahlspiegel des Meeres niederstrahlt.

Der Baß des Instrumentalen bewegt sich bei diesen Worten in halben Tönen abwärts, indeß dem übermäßigen Quint=Sexten=Accord auf F der Quart=Sexten=Accord auf E und der Secunden=Accord auf Es folgt. Dieser eigenthümlich bewegte Gang scheint wie eine, durch den Druck unwiderstehlicher Uebermacht bewirkte Vereinigung einander feindlicher Kräfte, die jeden Augenblick in wilden Kampf gerathen können. — Ein Hauch des Sturmes kann die eherne Ruhe in ihr Gegentheil verwandeln und sie alle erwecken, jene unstäten, wilden und menschenfeindlichen Dämonen, die in der geheimnißvollen Tiefe lauern. — Um desto fürchterlicher erscheint die augenblickliche Todes=
stille, in feierlich daherschreitenden Intervallen des Vocalen

und bangem Klagelaut des Instrumentalen versinnlicht und besonders durch die Fermate hervorgehoben.

Bei den Worten: „In der ungeheuren Weite reget keine Welle sich," taucht das Gedankenbild sammt der Scenerie und Staffage noch einmal mächtig und reich aus der Stimmung auf. Die Melodie bleibt in den vorletzten drei Takten auf der Dominante liegen, während der letzte Takt einen einfachen Ganzschluß im Hauptton bringt und somit die zur Unendlichkeit schweifende Ahnung mit den festen Grenzen des Irdischen umfängt. Das Intensive des Rhythmus im Wortliede hat durchgehends bei der Quantitäts-Bemessung der melodischen Rhythmik einen nicht allein deutlichen, sondern fast tragisch vertieften Ausdruck gewonnen. —

Was den Vortrag des Liedes betrifft, welcher nach diesen Bemerkungen erheischt wird, so dürfte derselbe als ein Probirstein selbst für sehr bedeutende Kräfte erscheinen.

„Meeresstille" ist in Opus 3 im Jahre 1821 erschienen, aber bereits 1815 componirt. —

V. Wanderers Nachtlied.
(Ges dur 4/4 Takt.)

Es war am 12. Februar 1776, als Goethe am Hange des schönen Ettersberges diesen tiefempfundenen Seufzer in seine Brieftafel schrieb, um der Frau von Stein einen Blick in seine innere Welt zu eröffnen. — Weniger in dem meist affectirten „Sturm und Drang" der Genialen jener Zeit, als in einer durch brausende Lebhaftigkeit und glänzenden Witz gefärbten Wildfang-Laune sich bewegend, war das tiefe Gefühl des Dichters selbst für die flüchtigsten Eindrücke offen. Seine Weichheit, seine zarte Reizbarkeit, von der Liebe an ihren empfindlichsten Punkten berührt, hatten dem jungen Dichter in der Zeit unmittelbar vor seiner Ankunft in Weimar der inneren Qualen viele und herbe bereitet. — Mit leidenschaftlicher Raschheit loderte seine Zuneigung für Frau von Stein, in welcher er die Spenderin des so oft erseufzten Seelenfriedens ahnungsvoll zu erblicken meinte, mitten in dem fast rauschenden Frohleben, das ihn umfing, empor. — Ein inniger Drang, eine oft bis zum schneidendsten Seelenschmerze sich steigernde Sehnsucht trieb ihn zu dem neuen Sterne seines Lebens — aber jene Liebesblüthen, welche Friederike und Lili ihm dargeboten hatten, schienen sich dem erklärten Lieblinge der Frauenwelt durch die Hand der Angebeteten in Weimar nicht erschließen zu wollen. Frau von Stein nahm mild und sanft, aber für jede Ueberraschung durch ihre eigenen Empfindungen, durch ihren klaren Blick gefestet, die Sorge einer Freundin auf, um den Dichter in die richtigen Schranken zu führen. Leicht war die Aufgabe nicht, den Liebenden mit Freundschaft zu besänftigen, und Goethe's Briefe an die geliebte Frau geben Zeugniß, wie schwer er namentlich in der ersten Zeit des Verhältnisses litt und wie unerschöpflich in Wendungen er immer aufs neue in den Ton des leidenschaftlichen, unglücklich Liebenden zurückfällt. — Seine Liebe war ächt, von Selbsttäuschung konnte keine Rede sein und seine Aufregung nahm der unnahbaren, gewappneten Göttin gegenüber mehr als einmal

eine bedenkliche Färbung an. Der harmonische Zusammen=
schluß seiner Innerlichkeit war in Gefahr nicht blos vorüber=
gehend zersprengt zu werden! —

Näher als an jenem Tage war Goethe der Ange=
beteten noch nicht getreten — er wohnte mit ihr „unter
einem Dache," nämlich im Fürstenhause, wo die Herzogin
verweilte. Eine tief trübe Stimmung bemächtigte sich
seiner: wie Margaretha von Parma in seinem Egmont
„sah er vieles voraus, das er nicht ändern konnte," wie er
sich ausdrückte und das, was er sah, war sicher in düstere
Farben getaucht. —

Da entwand sich seinem Herzen das Lied des Wan=
derers im tiefen Thale, in Nacht und Finsterniß! — Einen
ergreifenderen Ton hat Goethe kaum jemals gefunden,
als diesen, der sich dem Himmelsfrieden zuwendet, als
einzigem Tröster in der qualvollen Lust, welche die Liebe
dem Herzen bereitet. — Auf das Blatt, das dieses Gedicht
trug, schrieb die ehrwürdige Mutter der Frau von Stein,
die Frau Hofmarschall von Schardt nach Evangelium
Johannis 14, 27: „Den Frieden laß ich Euch, meinen
Frieden geb' ich Euch; nicht geb' ich Euch, wie die Welt
giebt, Euer Herz erschrecke nicht und fürchte sich nicht." —

Es ist keine Ursache zu der Annahme vorhanden, daß
Goethe's Gedicht, in Bezug auf seine Person, in einem
anderen Sinne als ein Gebet aufzufassen sei, als in jenem,
in welchem jeder Gedanke, der sich der übersinnlichen
Weltmacht hoffend, dankend, oder voll Bewunderung
zuwendet, ein Gebet genannt werden kann. Die ohne
Zweifel tiefgefühlte Hinweisung auf den religiösen und

speciell christlichen Frieden erscheint daher nicht die treffende
Antwort auf das Nachtlied des Wanderers. —

Schubert hat das „Nachtlied" als ein Gebet
charakterisirt und in der Harmonie-Bewegung des Schluß=
theiles, sowie in der bestimmt ausgeprägten Klangwirkung
desselben den Bezug auf den kirchlichen Cultus dargelegt.
— Er war wie bei fast allen der von ihm componirten
Goethe-Lieder nicht in der Lage, außer der Fluth des Liedes
auch die Quelle zu sehen, aus welcher dasselbe entflossen
war und anstatt des individuell Besonderen, das die Lieder
bergen, bildet er künstlerisch Besonderes heraus, das sich
glänzend von dem breiten Grunde des Humanen abhebt.
— Dies „Nachtlied" ist so weit gefaßt, wie möglich: es
scheint gleichsam im Aether zu schwimmen, wo außer Licht
und Finsterniß nichts Aeußerliches mehr wahrgenommen
werden kann. Alles ist rein gedankenhaft gefaßt und nur
die Menschenbrust, die sich für die Aufnahme des Friedens
öffnet, behauptet sich als das Concrete in dieser Sphäre
abstracter Reflexion. —

Die Musik wendet sich an das Innere des Duldenden,
um zu der Erregung unseres Affects zu gelangen — es
erscheint in tiefster Niedergebeugtheit des Schmerzes und
in der seligen Vorempfindung erfüllten Sehnens. Aus
Finsterniß und Licht wird die namenlose Geschichte des
Dulders gewebt, dem wir weder im Wortliede, noch in der
Musik seiner äußeren Erscheinung nach nahe zu kommen
vermögen, den wir aber in unserer unmittelbarsten Nähe
in unser Herz hereinsingen hören. — In diesem Liede
empfangen wir den großartigen Beweis von der Kraft,

welche Schubert durch die dargelegte wechselnde Aus=
deutung des Metrum, sowie durch das Pathos in der wun=
derbaren Abstufung der Accente ausübt. Es sind nur
wenige Zeilen und Takte, welche der Dulder von seinen
Qualen singt; aber die Menschenkraft würde nicht aus=
reichen unter längerem Drucke, bei weiterem Hinausschieben
der Erscheinung des Hoffnungslichtes. Und bei dem wahr=
haft Großen, das Schubert in jedem Wellenkreise der
eingeführten Empfindungen erreicht, hält sich seine Har=
monik in einfachen Grenzen, jede Erweiterung verschmähend
und deshalb um so concentrirter den Hörer erfassend. —

Das Motiv des ersten Taktes wird im zweiten in der
Secunde nachgeahmt — und wir finden uns schon mitten
in diesem mit herben Qualen aufwärts drängenden Sehnen.
So lange und so schwer hat der Sänger gelitten, daß ihn
auf dem einzigen Rettungswege, welcher ihm geblieben —
der nach oben — das Zagen erfaßt, ob es denn auch Frie=
den für ihn, den Flehenden gäbe: ob denn die himmlischen
Mächte wahr und wirklich helfen können und wollen! Dies
ist in der, im vocalen Theile wie fragend aufwärts sich
bewegenden melodischen Folge der drei letzten Noten des
ersten und zweiten Taktes dargelegt und schwerlich konnte
der Meister durch einen tieferen Zug seine Gefühlsgröße
offenbaren. —

Der Flug nach oben, zu welchem die schwindende Kraft
durch die stachelnde Qual genöthigt wurde, senkt sich bald
herab und der Flehende findet sich wieder in seiner eigenen
düsteren Welt. — Der dritte Takt wird im vierten eine
Terz tiefer imitirt.... Welche Wirkung muß hier das

doppelte Entzücken machen, das diese Finsterniß erhellen wird? Die fast ausschließliche Folge von Grund= oder Stamm=Accorden im Instrumentalen breitet feierlichen Ernst über dies pathetische Gefühlsbild. —

Bei den Worten: „Ach, ich bin des Treibens müde," steigt gleichsam seufzerartig die Melodie durch den Umfang einer Octave in die Tiefe hinab, wobei das unmittelbare Anschlagen der Unterdominante (im Instrumentalen) mit der Sehnsucht, einen Augenblick der Ruhe zu finden, auch das Hinsinken der Widerstandskraft des Pilgers andeutet. Die nun eintretende Bewegung in Sechszehnteln hat den schmerzlichen Groll der Hoffnungslosigkeit, an welche alle erduldeten Qualen noch einmal herantreten. Aber zugleich wird bei den Worten: „was soll all der Schmerz und Lust" nach der Oberdominante modulirt — mitten im Gewühl der Affecte hebt sich's in der Psyche, wie mit wiederkehrender Kraft! Mit der Quinte des Accordes, welche für die Singstimme auf das Wort „Lust" trifft, tritt die Krisis des Seelensturmes ein und von der Quinte einen halben Ton aufsteigend leitet die Melodie, wie mit dem Seufzer eines Erlösten zu dem Schlußsatze hinüber: „Süßer Friede, komm, o komm in meine Brust!" Das Tempo wird bewegter und Melodie und Rhythmus geben der lichten, süßen innigen Hoffnungsseligkeit Ausdruck, die, während sie noch fleht, das himmlische Geschenk bereits mit verlangenden Armen umschließt. — Aus der Tiefe herauf baut sich im Instrumentalen die wunderbare Stiege empor, auf deren Spitze hoch im Aether das Gebet wie eine Taube die Flügel breitet: der Baß steigt, wiederholt durch den

Accord schreitend, durch einen Umfang von anderthalb
Octaven aus der Tiefe empor. Als Aushall des unsagbar
mächtigen und schmerzlich wonnigen Liedes finden wir einen
einfachen Kirchenschluß, Weihe und Sänftigung über
das ergreifende Lied hauchend! —

Goethe besaß für die beiden „Nachtlieder des Wan=
derers" eine besondere Vorliebe. Mehr als einmal griff
er zu diesem ersten Liede und meinte: „Das Gedicht thut
mir wohl, ohne daß ich irgend eine Beziehung hinzuzusetzen
brauche." Dem Dichter mag bei den ernsten Vorgängen
auf seiner langen Lebensbahn der Balsam nicht verborgen
geblieben sein, der für alle Herzenswunden in diesem
Liede sich birgt. Für Schubert, der dies Lied mit aller
Inbrunst seines Herzens ausstattete, ist dies Nachtlied nicht
minder ein Lieblingswer geblieben und wir wüßten Wenige,
für welche dasselbe mehr, als für ihn selbst paßte. —

„Wanderers Nachtlied" (Der du von dem Him=
mel bist) erschien als Opus 4 von Schubert 1821 mit
dem „Wanderer" von Schmidt von Lübeck und
dem „Morgenlied" von Werner. Das Opus war
dem frommen kunstverständigen Patriarchen Ladislaus
Pyrker gewidmet, dessen Ehrerbietung vor dem Genius
des Componisten sich vorzugsweise auf dies erste „Wan=
derers Nachtlied" gründete. —

VI. Der Musensohn.
(G dur $^6_8$ Takt.)

Deutschland ist nach dem Ausspruche des fein=

sinnigen und gelehrten Aeneas Sylvius „das schönste Land der Erde, wo den Musen eine glänzende Herrschaft eingeräumt ist." Mögen andere Länder immerhin stolz ihre Schätze darlegen: der edle Musensohn in seiner Pracht, ist eine Erscheinung, welche dem d e u t s c h e n Boden und der d e u t s c h e n Cultur ausschließlich angehört. — Von den Zeiten des fahrenden Schülers und des streitfertigen Bacchanten an bis heute hat der deutsche Musensohn viele Wandlungen bestanden; aber der Kern der Erscheinung ist derselbe geblieben: die Verkörperung der begeisterungsfähigen Jugend mit ihrer Lebens- und Liebeslust, ihrer tiefen Empfindung für Vaterland und Ehre und dem heißen Drange für die e c h t e, f r e i e Wissenschaft und Kunst. — Die Universität des deutschen Musensohnes steht vermittelnd zwischen dem nationalen und humanen Elemente und fiel niemals dem einen oder dem anderen ausschließlich anheim, wie sehr er sich zeitweilig auf die eine oder andere Seite mit Vorliebe hinneigen mochte. —

Goethe's „Musensohn" ist das echte Kind seiner Zeit. Es fehlen ihm manche hervorstechende Züge, welche seine Epigonen während der französischen Revolutions-Periode und der Befreiungskriege annahmen; aber um desto reizvoller tritt die Grazie und Feinheit des achtzehnten Jahrhunderts bei Goethe's Musensohn hervor. Wenn sich bei ihm äußerlich „Alles nach dem Takt regt und nach dem Maß bewegt," so könnte das gleich einer leichten Puderwolke an einen Hauch vom Roccoco mahnen; aber übrigens ist der Jünger so frei und anmuthvoll, daß wir es vorziehen, den Pinselstrich auf die schöne Bewegung in der wohlklingend bemessenen Sprache der „Neun Schwestern" zu beziehen, welche das Weltgedicht singen.

Welcher Jugendglanz ist über dies Lied ausgebreitet; welcher wonnige Flug führt den Jüngling von dannen, als trüge ihn ein Strahl des Phöbus=Apollo! — Es ist ein Anklang an die Mythe, wie Apollo das Land der hellen Nächte aufsucht, wo das nordische Licht zur Mitternacht flammt, wenn der Sänger den Winter begrüßt und sich dann gleich dem wiederkehrenden Gotte des Lenzes erfreut, der Wärme und Freude der Menschenwelt bringt . . . Aber das Alles ist zugleich so **deutsch**, daß wir bei nicht vielen Liedern Goethe's eine getreuere Charakteristik unseres Heimathlandes finden, als eben in diesem Liede. Der Jüngling wird durch sein Lied zu einer lebensprühenden, deutlich herausgebildeten Gestalt und in der farbenschimmernden Welt, die er vor sich ausgebreitet sieht, erscheinen die Staffage=Figuren der Dörfner mit der Festigkeit des unmittelbar Wahrgenommenen. —

Als hätten ihn die Musen mit den Flügelschuhen, dem Petasos und dem schimmernden Heroldsstabe des Hermes beschenkt, so nimmt der Musensohn seinen Flug durch die Herrlichkeiten der deutschen Erde, um seines Asyls am Busen der Geliebten mit einem süßen Seufzer zu gedenken. —

So wundervoll frisch, würzig und schimmernd, wie die ersten Blüthen im Garten, vom flimmernden Sonnenstrahl umspielt, ist Schubert's Musik dieses Liedes. Die Singstimme bewegt sich mit Frische und Keckheit nicht nur, sondern mit unendlicher Anmuth, welche als die Blüthe begeisterter Gluth erscheint: es ist der Zauber der Tage der Jugend, welcher uns entgegentönt und das Verlangen, die ganze schöne, weite Welt, die im Rosenlichte schimmert, zu umschlingen. —

Im heitern, frischen G dur schwebt das Vorspiel in den ersten fünf Takten in den sorglos leichtblütig bewegten Rhythmen des $^6/_8$ Taktes dahin. Es ist ein heller, fast kindlicher Jubellaut, in welchem die Singstimme die Worte „schweifen" und „weg" hervorjauchzt, indeß sie sich in die Quinte und Octave des Accordes schwingt. Hinauf in den Duft und Sonnenschein trägt auch die im Vocalen berührte None des Dominant-Accordes, welche bei den Worten „von Ort zu Ort," von der Quinte desselben aus durch einen Sprung erreicht wird. — Und welche Weichheit und welchen Schmelz verleiht der Singstimme die sich während des ersten Theiles fast durchgängig als herrschend eingeführte Terzlage! — Nachdem der Componist zu den Worten: „Und nach dem Takte reget, Und nach dem Maß beweget" die ersten vier Takte dieses Theiles wiederholt hat, wendet er sich mit den Worten „Alles an mir fort" nach der Oberdominante und biegt dann in überraschender Weise kurz zum Hauptton zurück. Die Bewegung des Instrumentalen ist voll heiteren frischen Lebens und hebt die im Vocalen ausgedrückte schnellkräftige Freudigkeit noch höher. Der Baß schlägt vor und die Oberstimmen folgen in leichter Achtelbewegung nach. Im Baß begegnen wir häufig dem Grundton und der Quinte, im Zusammenklang angeschlagen und werden unwillkürlich an die leer angestrichenen tiefen Saiten einer Baßgeige erinnert; es ist, als wenn uns der

Schalk des Volkshumors entgegenlacht, dem es beim primitiven Klange von „Violen, Baß und Geigen" am wohlsten ist. — Launig, neckisch mischen sich in den bunten Jubel die in der Oberstimme des Instrumentes häufig angebrachten Wechselnoten.

Mit der zweiten Strophe des Liedes:

> „Ich kann sie kaum erwarten
> Die erste Blum' im Garten,
> Die erste Blüth' am Baum!
> Sie grüßen meine Lieder
> Und kommt der Winter wieder,
> Sing' ich noch jenen Traum" —

lüftet Schubert den über das Gemüthsleben des Jünglings gebreiteten schimmernden Schleier und offenbart eine fast rührende Zartheit und Tiefsinnigkeit der Empfindung. — Alles nach der Seite des Uebermüthigen oder gar Derben Hinliegende weicht weit von dem jugendlichen Lieblinge der Musen zurück — das Bild nimmt eine unbeschreiblich edle Anmuth an. Der Tondichter macht die Terz der Tonart des ersten zum Haupttton dieses zweiten Theiles und wir fühlen uns in einer weicheren, milderen, duftigeren Atmosphäre. — Es liegt etwas sehnsüchtig Holdseliges in der zarten Accentuation des Wort-Rhythmus und die „erste Blüth' am Baum" haucht den Sänger wie mit träumerischer Liebesahnung an. Mit der eingeführten Wiederholung der ersten acht Takte dieses zweiten Satzes wird der Ausdruck schwungvoller und reicher, indeß sich die melodische Wellenlinie bei den Worten „meine Lieder" in die Terz der Tonart hebt, um bei der Zeile „Sing' ich noch jenen Traum" einen neuen Flug bis zur Quinte derselben zu nehmen, während die Wärme der Empfindung in der Wiederholung der letzten Worte ausstrahlt. — Der instrumentale Theil dieses Satzes ist von größter Simplicität. Im Baß berührt S ch u b e r t nur Tonika und Dominante, indeß die Oberstimmen sich auf das bescheidenste Maß beschränken, um die Wirkung des fast völlig im zartesten pp. zu haltenden Satzes nicht auf das Gebiet des Aeußerlichen zu führen. —

Nach diesem zweiten Satze greift S ch u b e r t für die Strophe:

"Ich fing' ihn in der Weite,
Auf Eises Läng' und Breite" 2c.

zum ersten Satze zurück und wiederholt denselben Note für Note mit all jenem Jubel. Im reizenden, sinnigen Wechsel trifft dann der zweite Satz wieder auf die Worte:

"Denn wie ich bei der Linde
Das junge Völkchen finde" 2c.

während das Entschweben, das in den Worten:

"Ihr gebt den Sohlen Flügel
Und treibt durch Thal und Hügel"

so hinreißend ausgedrückt ist, durch die Musik des ersten Satzes erfolgt. Die Bewegung desselben verschmilzt mit dem Ausdruck der im p. zu haltenden Worte:

"Ihr lieben holden Musen,
Wann ruh' ich ihr am Busen"

zu einem Ganzen und nach dem süßen ritardando, das auf das Wort "Busen" trifft, schließt das entzückende Lied im nächsten Takte rasch im ersten Tempo ab. —

„Der Musensohn" ward im December 1822 componirt, aus welchem Jahre außer der 1854 in Weimar aufgeführten Oper „Alfonso und Estrella" die H moll Symphonie, die Messe in As und die Beethoven gewidmeten Variationen stammen. Schubert „hielt etwas" auf den Musensohn, was bei ihm eine seltene Erscheinung war, bis ihm überall, wo er seine Freunde traf, die flüssig-charakteristische Melodie entgegengepfiffen wurde. Mayrhofer besonders ward nicht müde zu wiederholen, wie wunderbar es sei, aus dem allergewöhnlichsten Getön des halbunbewußten Pfeifens, das heißt aus den sieben Tönen, welche auf die Zeile: „Mein Liedchen wegzupfeifen" treffen, ein so herrliches Lied zu entwickeln, bis Schubert, der sich ungern loben hörte, erwiederte: „Ich weiß noch andere Dinge, die mit sieben Tönen zu machen sind" .... „Was denn Alles?" fragte Mayrhofer. „Die ganze Musik," — antwortete Schubert trocken. — Mit den Liedern: „Auf dem See" und „Geistesgruß" erschien der „Musensohn" als Opus 92 im Jahre 1828 bei Leidesdorf in Wien.

VII. Rastlose Liebe.
(E dur 2/4 Takt.)

In vorzüglicher Weise ist dies Lied, seinem Wortlaute nach, ein musikalisches. Anstatt fester Gestaltungen sind es Naturgewalten, die der Dichter vorführt und die heftig drängende Leidenschaft scheint alles Körperliche abgestreift und nur noch die Gluth bewahrt zu haben, welche unmittelbar den Gedanken umfängt. Alles kehrt sich nach Innen — das Auge faßt kein Sehbild mehr auf. Die innere Musik nimmt das ganze Wesen in Anspruch und die Schwingungen der Gefühlssaiten sind so rasch und kräftig, daß der Ton den Weg zum Lichte findet und gleichsam Strahlen und Farbenbüschel ausströmt. —

Wenn uns je das Grundwesen des Dichters in reinstem Glanze, in großartigster Mächtigkeit erscheint, so ist es in diesem Liede: es ist die unaufhaltsam voll Lust und Schmerz gestaltende und der Wonne des Werdens anheimgegebene Liebe. Die Rhythmik des Wortliedes ist nach der wechselnden Quantität nicht nur, sondern nach dem Intensiven des Accentes der Musik so nahe gerückt, wie das gesprochene Wort solches irgend zu erreichen vermag. Hierin liegt aber eine außerordentliche Schwierigkeit für den Componisten, das Wortlied in Musik umzuwandeln. Kein Lied ist schwerer musikalisch wieder zu dichten, als dasjenige, welches in voller Schönheit der Sprachmusik erscheint. Die Melodie derjenigen Lieder, welche, wie man sagt: „ihre Melodie bereits fertig in sich tragen," wird nur von den Meistern ersten Ranges gesungen werden können.

S ch u b e r t hat in seiner „Rastlosen Liebe" eine seiner bewunderungswerthesten Schöpfungen geliefert. Er, welcher für die feinsten Gefühls=Nuancen noch immer die bestimmteste Form und Färbung in der Gewalt hat, ist in diesem Hochgesange der leidenschaftlich bewegten Liebe in seinem eigensten Elemente. Haben wir Schubert dies Lied singen gehört, so werden wir das Wortlied nicht durchzulesen im Stande sein, ohne die Musik Schubert's in unserm Innern klingen zu hören. Schubert faßt genau die Stimmung in ihrem Wechsel auf, um sich zu dem Sublimen der Dichtung, zu der unsichtbar allgegenwärtigen Gluth der Liebe zu erheben. — Sie fluthet daher, nur sich selbst gehorchend, die Liebe, in ihrer reinsten Erscheinung, das höchste Seelische als Hülle ihres Geistigen tragend. —

Die Einführung der widerstrebenden Gewalten, Schnee, Regen, Wind, Dampf, Nebel durch das schimmernd prächtige Vorspiel läßt dieselben keineswegs als Gegenstände einer tragischen Auffassung erscheinen. Sie sind die Träger einer fluthenden, leidenschaftlich bewegten Kraft, deren letzte Ursache sich dem Blicke des muthigen Wanderers verbirgt. Gleich im ersten Takte berührt Schubert Tonika und Dominante, geht dann zu Anfang jedes der folgenden vier Takte bis zum sechsten Takte — wo er einen Schlußfall zum Hauptton macht — durch einen verminderten Septimen-Accord nach irgend einer Nebentonart über. Der pathetische Charakter dieser Accorde trägt etwas überschwellend Kräftiges, fast Voluptuöses!

Dem fein wechselnd gegliederten Metrum gegenüber, Trochäen in der ersten und Anapästen in den folgenden Strophen zeigend, wählte der Tondichter den auf kurz und hastig bewegte Formen hingewiesenen 2/4 Takt. Diese zweigliedrige Rhythmik herrscht fast durch das ganze Lied und die beredte und gelenke Figuration der Oberstimme des Instrumentalen — welche in jedem Takte zwei arpeggirte viersechszehntel Notenfiguren austönt — nimmt völlig die Form des Wortliedes auf. Die Einführung der Interjection „O!", welche dem Wortliebe bei der Stelle „Liebe bist du" fehlt, kann nicht als Lückenbüßer des Taktmaßes erscheinen, sondern dient der eindringlichen Vertiefung des Ausdruckes ebensowohl, wie die Wiederholung des Wortes „Alles" in der Zeile: „Alles vergebens!" —

Auf dem letzten Achtel des sechsten Taktes des Vorspiels fällt die Singstimme ein und zwar bewegt sich dieselbe in der das Moment der Bewegung zu Gefühl bringenden Quintenlage. Der melodische Umriß spricht zugleich Entschlossenheit und feuriges, sehnendes Verlangen aus und wenn sofort die hindernden Gewalten sich scharf der Empfindung bemerklich machen, so bringt das sehnende Princip doch — wenn auch mühsam — vorwärts. — Von entschiedenster Wirkung für die Darlegung dieses combinirten Empfindungsmomentes ist ein im achten Takte von Schubert berührtes Intervall: die kleine None des Dominant-Accordes, welches Intervall durch die Wiederholung in den folgenden beiden Takten seine Bedeutung steigert und den Charakter der Wortzeile mit nachdrücklichster Klarheit und Wärme ausprägt. —

Urplötzlich hebt uns der Componist in eine höhere Region, mit ganz neuer Farbenstrahlung, indeß er ohne irgend welche Vorbereitung zur Tonart der Secunde des Haupttons geht. Auch zu diesem Instrumentalen bewegt sich die sehnend ringende Singstimme mit gesteigerter Wärme in der Quintenlage.

Im folgenden Takte begegnen wir wieder dem hier so bezeichnenden Intervall der kleinen None, der Dominant dieser neuen Tonart (Fis-moll) und der Wiederholung desselben in den beiden folgenden Takten — genau so, wie

oben. Düsterer als vorher färbt das Fis-moll die feind=
lichen Mächte und die Anstrengung des Ringenden und
dieser ernste Farbenstrom gießt auch über den vocalen
Theil seine Wirkung aus.

Heldenhaft tönt das: „Immer zu" der Singstimme,
schwellend denselben Ton in demselben Rhythmus energisch
behauptend. Zu diesen Worten hat das Instrument eine
Wendung durch den Accord der Unterdominante des Haupt=
tons, durch den übermäßigen Sexten=Accord auf der kleinen
Sexte des Haupttons zu diesem selbst. — Auch diese beiden
Takte, in welchen Alles auftaucht, was sich jenem Ent=
schlusse: „immer zu" entgegen zu legen droht, werden
wiederholt. — Die Worte: „Ohne Rast und Ruh" werden
im Vocalen breit ausgelegt, als eröffne sich dem Blicke
die lange, schwierig zu durchmessende Bahn, für welche ein
Ruf an die schnellkräftige Ausdauer erforderlich ist. Im
Instrumentalen modulirt Schubert durch zwei verminderte
Septimen=Accorde nach der Dominante.

In enger Intervallenfolge bewegt sich die Singstimme
zu Anfange der zweiten, mit verändertem Wort=Rhythmus
eintretenden Strophe: „Lieber durch Leiden wollt' ich mich
schlagen." Der Rhythmus fällt weicher mit seiner Flüssig=
keit ins Ohr, als die kantigen Trochäen und für den Augen=
blick beruhigend, schmeichelnd fast berührt die Einführung
der großen None des Dominant=Accordes; bis die Empfin=
dung von diesem Anklingen, wie von einer Täuschung über
die Möglichkeit eines rettenden Ausweges aus dem Laby=
rinth der Sehnsuchtspein sich abwendet, um dieser selbst
mit der kleinen None wieder anheim zu fallen und um

unmittelbar hinterher eine der überraschendsten Modulationen nach der Tonart der kleinen Terz des Haupttons — G dur — zu machen zu den Worten: „Als so viel Freuden des Lebens ertragen." In dieser Wendung geht, wie von einem daherschießenden Meteor eine Beleuchtung der Paradieseswonne aus, welche in der Pein der Liebe sich bisher verborgen hatte! —

Welcher Reichthum an Ausdruck der wechselndsten, verschiedensten Abstufungen der Empfindung, welche hinreißende Leidenschaft und Gluth! Die Musik erscheint wie ein feuriger Springquell in dem wunderbarsten Farbenglanze zum Herzen sprechend. —

Die bisher in den schimmerndsten Tonfarben dahinbrausende Figuration wird jetzt bei den beiden letzten Sylben von „ertragen" durch eine ruhigere Triolenbewegung unterbrochen. Nachdem dieselbe im p. zwei Takte fortgeführt ist, flüstert uns die in einer viertaktigen Periode pp. hinzutretende Singstimme das süße Geheimniß, welches all dem Streben und Drängen zu Grunde liegt, im heiteren G dur mit den Worten zu:

„Alle das Neigen
Von Herzen zu Herzen" ...

Im fünften Takte führt uns im Instrumentalen ein verminderter Septimen-Accord ähnlich wie zu Anfang des Liedes nach der Tonart der Secunde von G dur, nämlich nach A moll. Dieses träumerische Hinschweben zu A moll hat etwas unbeschreiblich Anmuthiges. In A moll wiederholt sich die eben erwähnte viertaktige Periode zu den Worten:

„Ach, wie so eigen,
Schaffet das Schmerzen."

Der Componist läßt uns mit einem seiner tief psychologischen Züge die Geschichte der keimenden, aufblühenden und sehnend-schmerzlichen Liebe durchempfinden, indeß er die Periode: „Alle das Neigen" u. s. w. zuerst im Rosenglanze der fast naiven Freude (G dur) vorführt, um dieselbe Periode mit zartem Liebesschmerze übergossen in A moll auszuhauchen.

Während die Singstimme einen Takt lang pausirt, zeigt die Triolenbewegung des fünften Taktes das Bestreben des Componisten, diesen Kern des Liedes, dessen Licht so concentrirt wirkt, möglichst deutlich gegen seine Strahlenhülle abzugrenzen. —

In der anfänglichen, leidenschaftlichen Bewegung und Figuration stürmt das Instrumentale fort, indeß die Singstimme dem veränderten Wort-Metrum gegenüber die musikalische Rhythmik des Eingangs durch die Einführung einer halben Note auf „flieh'n," „zieh'n," bei den Worten: „Wie soll ich flieh'n, Wälderwärts zieh'n," der Situation gemäß ausdrucksvoll umbildet. Bei der unberechenbaren Herrschaft, welche Schubert über seine Gliederungen ausübt, darf man das Zusammenziehen der schwachtönenden Sylben „fliehen" und „ziehen" nicht für ein Auskunftsmittel halten, mit dem Widerstreben der Form des Wortliedes fertig zu werden. Ziehen wir es vor, der Gefahr zu trotzen, die Endsylben jener Worte undeutlich zu Gehör zu bringen, so ist Zeit genug vorhanden, das tonlose „en" zu singen. —

Das Instrumentale berührt bei den Worten: „Wie soll ich flieh'n" — neue Empfindungs=Scalen, indeß es sich durch einen übermäßigen Quint=Sexten=Accord nach dem Quart=Sexten=Accord, der Haupttonart in Moll bewegt. Es liegt eine vibrirende, schmerzliche Spannung im ersten Accord, die bei dem zweiten einem Accent des Kraftbewußt=seins weicht, als könne noch ein kühnes Losreißen gelingen. Die Modulation wiederholt sich in den folgenden beiden Takten; während die melodische Tonfolge der Stimme als concentrirter Inhalt des Instrumentalen die Situation mit dramatischer Kraft ausdrückt. —

Der innere Conflict ist bis zur Höhe der Krisis geführt und mit den Worten:

„Alles, Alles vergebens!"

erfolgt die Entscheidung, der Sieg und die Niederlage der ringenden psychischen Mächte. — Rastlos umkreist die Seele den strahlenden Punkt, wo die Liebe thront; mächtig zieht die Liebe die von ihrem eigenen Sehnen bewegte und gedrängte Seele an sich, näher und immer näher, bis alles Widerstreben gegen die göttliche Macht in Wonne unter=geht. Im letzten Quart=Sexten=Accorde tritt die Wider=standskraft des Liebenden energisch auf; das Losreißen und Fliehen scheint Entschluß geworden; denn die Sing=stimme hält den Ton auf „zieh'n" und „flieh'n" (die halbe Note G) im ersten Takte auf „Alles" im crescendo fest. Aber bei dieser Gipfelung des Kampfes behauptet sich die Liebe, welche durch den verminderten Septimen=Accord mächtig ihre geheimnißvollen Regionen ahnen läßt. Noch höher steigert sich das Ringen des Vocalen, das mit letzter Kraft beim zweiten „Alles" noch einen halben Ton höher emporklimmt, um vom Instrumentalen ff. gezwungen, sich für besiegt zu erklären. Die Singstimme verstummt während dreier Takte, nachdem sie durch die prachtvoll ernste Modulation in dem letzten Takte des Wortes „vergebens" gleichsam von dem siegenden Instrumentalen nach Cis Moll geführt wurde.

Aber die Liebe ist eine holdselige Siegerin: decrescendo bis zum piano ihre Schmeichellaute im Instrumentalen, das sich wieder zur Haupttonart wendet, dämpfend, führt sie den Besiegten in ihr Heiligthum, aber nur, um sich dem zu eigen zu geben, welchen sie überwand. Die ganze Herrlichkeit der Liebe erschließt sich dem Sänger. —

Der Schlußsatz: „Krone des Lebens" ist eine wonnebegeisterte Hymne zum Preise der Königin des Daseins. Das Vocale bewegt sich in jubelnden, jauchzenden Tonfolgen, über welche die Harmonik das wechselndste, farbenprächtigste und inhaltsvollste Colorit ausgießt. In schwungreicher Durchdringung und Verschlingung strömen die Singstimme und das Instrumentale dahin. Nachdem die Haupttonart zu Anfang dieses Satzes zwei Takte hindurch festgehalten wurde, weicht sie plötzlich bei den folgenden Takten nach Cis Moll. Der sodann berührte verminderte Septimen-Accord führt nach der Dominante, um die Worte „Liebe bist du" zu charakterisiren. Hierauf begegnen wir im Instrumentalen einer Wiederholung aus der ersten Hälfte des Liedes. Der Tondichter geht von der großen None der Dominant durch die kleine None und wiederholt jene Modulation in den folgenden beiden Takten, während das Vocale den Schwerpunkt auf die Quinte jenes Accordes legt. — Zu den wiederaufgenommenen Worten: "Krone des Lebens" wird der Anfang des Schlußsatzes wiederholt und abermals macht der Componist durch einen verminderten Septimen-Accord einen Schlußfall zum Hauptton, indeß im Vocalen ein langgedehnter Jubellaut, vier Takte hindurch auf das Wort "Liebe" im Hauptton in gleichsam ekstatischer Weise ertönt. —

Beim Abschluß schwingt sich die Singstimme noch ein Mal in die Terz hinauf, schwebt dann durch den Accord eine Octave hinab, um noch einmal die große None der Dominant als Culminationspunkt des Ausdruckes zu erfassen. —

Die das ganze Lied durchströmende und durchzitternde heiße Erregung klingt im Nachspiel aus, wo dieselbe arpeggirte $^4/_{16}$ Figur, welche sich fast durch das ganze Lied hinzieht, abermals erscheint. Zwei Mal wechselt Takt um Takt die Harmonie der Tonika und Dominante, bei welcher letztern wieder die kleine None anklingt. Dann folgen drei Takte in der Harmonie der Dominante, auf deren erste Hälfte die kleine None scharf betont angeschlagen wird. Nunmehr erst senkt sich das Nachspiel, während der beiden folgenden Takte das Lied abschließend, zum Grundton hinab. —

In diesem herrlichen Liebe trifft das innerste von Liebe durchsättigte Wesen des Dichters und des Componisten zusammen, um sich innig zu vereinigen. — Während in manchem Schubert'schen Goethe-Liede die besondere Be-

ziehung auf den Dichter nicht mehr hervorklingt, sondern
das allgemeine Gültige der Gedanken und Empfindungen
erfaßt wird, ist es der persönliche Hauch des Dichters, den
wir in der Composition in glühender Weise zu spüren
meinen. Schubert selbst spielte gern die „Rastlose
Liebe," weil dies Lied in seiner Farbenfülle Gelegenheit
zur vollen Entfaltung seines dynamisch unübertrefflichen
Vortrags gab. — Neben Schubert's „Junger Nonne" von
Craigher hat vorzugsweise die „Rastlose Liebe" in Frank=
reich, wo man sich in den Künsten trefflich auf Feuer der
Empfindung und Pracht der Erscheinung verstand, große
Erfolge gefeiert. —

Die Rhythmik dieses Liedes bringt zwar, wie bereits
erwähnt, die metrische Bewegung des Textes nicht zur
unverkürzten Erscheinung; aber es ist nicht zu übersehen,
daß es eines starken, einheitlich gehaltenen rhythmischen
Zuges bedarf, um die Fluthen, Wellen und Brechungen
der musikalischen Töne zur Bewegung nach dem erstrebten
Ziele hin zu vereinigen. Eine manigfaltigere, flüssi=
gere Gliederung der beiden letzten Strophen würde die
leidenschaftliche Schwungkraft eben dieser Theile des Liedes
unstreitig vermindert haben. —

Die Composition, welche, wie wir bei dem „Fischer"
schon bemerkten, im Opus 5 im Jahre 1821 erschien, stammt
aus Schubert's Frühperiode, aus dem Jahre 1815. —

VIII. Der Erlkönig.
(G moll $^4/_4$ Takt.)

Die alten Volks=Balladen der Schotten, Engländer

und Dänen hatten auf Goethe's Gefühl einen mächtigen Eindruck gemacht. Je genauer er mit den Resten dieser Urdichtungen bekannt wurde, desto staunender ward seine ehrerbietige Neugier, zu ergründen, wie die divergirendsten Strahlen in diesen Balladen auf einen so kleinen Raum zusammengezogen sind. Manche der ihn besonders ergreifenden übersetzte er und analysirte sie, um von allen Seiten den dichterischen Lakonismus zu erfassen, welcher den Leser zwingt, Alles zu ergänzen, was das Lied verschweigt und den ganzen Umfang der Kreise zu ziehen, von denen der Dichter nur kleine Bogen gezeichnet hat. Merck hielt es für unmöglich, die eigenthümlichen Schönheiten, die Anschaulichkeit und dramatische Kraft der alten Volks-Balladen zu erreichen, weil sie aus nichts Anderem beständen als aus dem Kern und dem Besten, was von größeren Gedichten übrig geblieben sei und weil kein Dichter vorher bestimmen könne, welche Haupt oder-Nebensache seines Liedes sich so fest dem Volke einprägen werde, um Jahrhunderte zu überdauern. Goethe indeß fand aus seiner eigensten Natur heraus das Musterbild der Kunst-Ballade, welchem kein Vorzug der Volks-Ballade mangelte, während diese an Schönheit und Reichthum der Empfindung zurückweichen mußte. Ein unbedeutender Vorfall, welcher an Goethe selbst herantrat, genügte für den Dichter, um eine Ballade zu schaffen, welche wir stolz jeder der gerühmtesten Balladen fremder Nationen entgegenstellen können — wir meinen den Erlkönig. Wohl kannte Goethe die bereits von Herder übertragene dänische Ballade vom Herrn Oluf, welcher auf dem Ritte zur Hochzeit der Tochter des Erlkönigs zu seinem Verderben begegnet; aber ein Anderes, als den Namen des Erlkönigs und die Erwähnung seiner Töchter, sowie das Hauchen der geheimnißvoll-verderblichen Waldesluft finden wir von dem dänischen Liede in Goethe's Schöpfung nicht vor. — An einem herbstlichen Spätabende kam im harten, brausenden Galopp ein Reiter dicht an der Gartenhecke vorüber, hinter welcher der Dichter einsam wandelte. — Der nächtliche Reiter mußte einen eigenthümlichen Eindruck auf Goethe gemacht haben, denn er erkundigte sich: wer das gewesen sein möge — und erfuhr: es sei ein Bauer, der mit seinem plötzlich erkrankten Knaben vor sich auf dem Pferde nach Jena zum Arzte geritten sei. Nach anderer Angabe wäre es ein Bauer gewesen, der ein Recept nach Jena in die Apotheke habe bringen wollen. Dieser äußere Anstoß genügte und das wunderbare Lied stieg empor, in welchem die Kunst concentrirtester Darstellung in so einfachen Worten sich entfaltet, wie sie das echte Volkslied nicht ungesuchter aufzuweisen hat. —

Es ist Goethe häufig erinnert worden, daß diese Ballade dem mystischen Wesen, welches in derselben auftritt, einen unrichtigen Namen beilege. Der böse Dämon sollte hiernach „Elfenkönig" und nicht „Erlkönig" heißen. — Im Gedichte bildet die Verbindung zwischen der nächtlichen baumbestandenen Landschaft und dem Erlkönige den Grundzug der Scenerie — wir werden aber von sorgsamen Kennern aufmerksam gemacht, daß es ein Fehler sein würde, wollten wir uns durch den Wortlaut „Erlkönig" verleiten lassen, an „Erlen" zu denken, da diese

Bäume zu dem unheimlichen Herrscher in keiner Beziehung ständen. —

Wir möchten aber unter keiner Bedingung das Wort „Erlkönig" einbüßen. Betrachten wir die Erle genauer, so finden wir, daß sie gerade der Baum ist, welcher bei dem Cultus unserer heidnischen Altvordern eine besondere Wichtigkeit besaß. Die Erle, auf sumpfigem Boden gedeihend, der tückisch den Wanderer in die Tiefe zieht, der graue Baum mit seinem trauerfarbigen Laube, war das Sinnbild des Verderblichen, des Todes. Die angeritzte Rinde des Erlenstabes giebt blutrothen Saft und es liegt nahe, daß die blutige Rune, das Todesloos, auf Stäbe von der Erle geschnitten wurde. Die Erle heißt englisch noch jetzt echt angelsächsisch: „Alder," und Aldrum und Erle scheinen uns sehr genau zusammen zu gehören. — Arl, Jarl und Earl (sprich Oerl) bedeuten dasselbe: einen Gebieter, einen Kriegsherrn, der über Leben und Tod Macht hat, und dem Feinde den Stab sendet, in welchen die Herausforderung zum Kampfe eingeschnitten wurde. Der Stab hieß auf der Insel Anglesea „Arlling" oder „Orling," auf Or und Orleg deutend, das ist Kampf. Unsere niedersächsischen Bauern in den Flußniederungen der Leine und Aller nennen heute die Erle noch „Aller" oder „Arl". Wir sind nicht gelehrt genug, um diese Fäden bis zu ihrem Verbindungspunkte zu verfolgen; aber es steigt aus diesen Andeutungen die bestimmte Ahnung hervor, daß die Erle allerdings mit dem Erlkönige in geheimer Verbindung steht, und daß Beide auf ein lebenvernichtendes Princip hinweisen. Auch dort, wo „Arl" und

"Alter" auf das graue Alter hingewandt sind, liegt der Tod nahe. —

Das Wortgedicht der "Erlkönig" hat einen höchst kunstreichen Rhythmus. — Die Bewegung ist ungleich, bald in Jamben, bald in Anapästen. Eine ganze Stufenleiter von Empfindungen nicht einer, sondern dreier Personen wird bis zum höchsten Pathos durchmessen. Dabei ist das Gedicht so kurz wie möglich, pfeilschnell verlaufend, mächtig sich hebend und senkend in seiner Athemführung, wie der Galopp-Hufschlag des Rosses. In der durchaus dramatischen Behandlung des Vorganges liegt zugleich die anschaulichste Schilderung der Landschaft: Nacht, Nebel, Sturm, dürre Blätter, altersgraue Weiden, Einblicke in den sich öffnenden Busen des dunklen Erlengehölzes! — Zugleich aber geht das Reich vor unseren Augen auf, in welchem Erlkönig mit der Krone und dem wallenden Schweif seiner Gewandung herrschend einherschwebt. —

Goethe's "Erlkönig" ist so oft componirt, daß eine Uebersicht auch nur der bedeutendsten Compositionen dieser Ballade weit über unsere Grenzen hinausführen würde. In der Fluth dieser Tondichtungen hat sich diejenige Schubert's als die treffendste behauptet und eine gleiche Popularität, wie sie errungen, hat keine der übrigen Compositionen für sich anzuführen. —

Wie das Gedicht in den ersten beiden Zeilen die Situation völlig überschauen läßt, so versetzt uns Schubert mit dem Vorspiel, wie mit einem gewaltigen Zauberschlage in die der Ballade angemessene Grundstimmung.

Die in den Oberstimmen des Instrumentes hastig, ja wild bewegte Triolenfigur, mächtig durch den in gleicher Bewegung, in kurzen Interjectionen chaotisch dazwischen brausenden Baß, welcher aus der Tiefe emporsteigt, führt uns in die erregten Naturgewalten ein, die dämonisch walten, wenn das Tagesgestirn sich zur Ruhe gesenkt hat. — So düster und drohend tönt nur die Nacht mit ihren flatternden Nebeln und dem am Waldessaume die Haide fegenden Nordsturme.

In der unwirthlichen Nacht stürmt das Roß, donnernd den Boden treffend, daher; auf die fliegende Mähne beugt sich der das Kind umschlungen haltende Vater nieder. Es ist, als wenn Nacht, Nebel, Sturm und Wald sich geisterhaft die Frage in gedämpftem Moll zusängen:

"Wer reitet so spät durch Nacht und Wind?"

Doch die dort auf schnellem Rosse dahinfliegen, den Bann der Nacht brechend, sie gehören nicht dem düsteren Ruhelande und den Unirdischen an — lebendiges Blut kreist in ihren Adern, und das Herz des Vaters, wie des Kindes ist voll von Liebe. Schubert wendet sich von dem düsteren Moll zum frischen, lebendigen Dur und in kräftig hellem B dur tönt die Antwort:

"Es ist der Vater mit seinem Kind."

Zu den folgenden Worten:

"Er faßt ihn sicher, er hält ihn warm"

deutet die Musik an, daß dieser Schutz hochnothwendig sei,

denn sie bewegt sich in düsterem Gange und wendet sich wieder nach dem Hauptton in Moll. — Nach einer Wiederholung der ersten vier Takte des Vorspiels im pp. bewegt sich die harmonische Modulation nach der Tonart der Unterdominante und damit berühren die nächtlichen Reiter das Reich des geheimnißvoll Uebermenschlichen, welches sich deutlich vor dem Blicke des Kindes erschließt.

„Mein Sohn, was birgst du so bang dein Gesicht?"

fragt der Vater ahnungslos und wieder braust im Instrumentalen die düstere Weise des Nachtwindes auf. — Was der Vater nicht ahnt, der Knabe sieht es — in weit gegriffenen Intervallen stellt der vocale Theil die wachsende Erregung des Knaben dar.

„Siehst Vater du den Erlkönig nicht?" —

Dem Vater ist die Angst des Knaben unerklärlich. — Ein kurzer Moment der Reflexion tritt ein, während dessen der Meister die Oberstimme des Instrumentes in Triolenform, wie nachsinnend, auf einem Tone sich bewegen läßt. Er hat es gefunden, was die Seele des Kindes ängstigte —

„Mein Sohn, es ist ein Nebelstreif,"

tönt die Stimme des Vaters; während der nun folgende Ganzschluß nach B dur trefflich die innere Ruhe und das Unberührtsein des Vaters von den das Kind ängstigenden Erscheinungen zur Anschauung bringt. — Es ist B dur, die mit der Haupttonart (G moll) verwandte Dur-Tonart, in welcher das mystische Element und der Erlkönig festere

Gestalt gewinnen und der Dämon, indem er die Dur-Tonart und zwar die Terzlage des Accordes berührt, sich zum Menschen lügt. — Jene Terzlage hat ein weiches, schmelzendes Colorit. Es ist der Ton holder Kindlichkeit, süßen Liebesgeflüsters, welchen das Gespenst anschlägt, um den Knaben desto sicherer zu berücken. — Einen unheimlichen Gegensatz zu dem Vocalen:

„Du liebes Kind, komm, geh' mit mir," ꝛc.

bildet das im Instrumentalen im pp. eintretende Vor- und Nachschlagen des Basses und der Oberstimmen — es ist wie die zitternde Begierde, welche den Verführer heimlich bewegt. Die Letztere ist es auch, welche das Kind, trotz der Lieblichkeit von Erlkönigs Gesange, den Dämon instinktmäßig ahnen läßt und aus dem nächtlichen Graus klingt uns der Angstschrei des Kindes entgegen, vom Meister wunderbar wahr geschildert. Mit nie fehlender Hand greift der Tondichter nach Intervallen, wie sie wahrer und treffender der Natur nicht nachgebildet sein können. Bei den Worten:

„Mein Vater, mein Vater, und hörest du nicht,"

bildet die Singstimme zur Oberstimme der Begleitung eine kleine Secunde, deren Wirkung noch dadurch erhöht wird, daß im Instrumentalen der Baß zur Oberstimme eine große Secunde abwärts macht. Es ist jenes Intervall,— das der kleinen Secunde — wie hier harmonisch angewandt, das widerstrebendste der ganzen Tonsprache, so dissonirend wie Tod und Leben. — In der That ist es der Tod, welcher in Erlkönigs Gestalt an den Knaben herantritt. — Das Kind empfindet dies und birgt sich jammernd und weinend bei den Worten:

„Was Erlenkönig mir leise verspricht," —

Schutz suchend, an der Brust des Vaters. Das Instrumentale führt dieses, sich an das Sehbild lehnend, indeß es mit der Singstimme in kleinen Terzen chromatisch aufwärts steigt, fast zum optischen Anschauen. Bei den Worten des Vaters:

„Sei ruhig, bleibe ruhig, mein Kind,"

läßt uns die unruhige Modulation des harmonischen Theiles die Besorgniß des Vaters für den, wie in Fieberträumen sprechenden Knaben empfinden. Indem der Componist schließlich einen Ganzschluß nach G dur, dem Hauptton in Dur macht, findet er die eigene Fassung wieder, da er den Knaben beruhigt glaubt. — Aufs Neue naht sich der Nachtgeist nun dem Knaben, und zwar in noch eindringlicherer und verführerischerer Weise.

„Willst, feiner Knabe, du mit mir geh'n."

In dieser Periode finden wir nicht die langgehaltenen Noten, wie im Vocalen des vorigen Gesanges vom Erlkönige, sondern kürzere Noten und im Instrumentalen bewegtere Figuration. Wohl berührt der Componist in der ersten Hälfte dieser Strophe noch öfter die Terz, allein in der zweiten Hälfte derselben ist es die Octave des Grundtones, auf welche die Melodie immer wieder zurückfällt. Die Bewegung der Oberstimme des Instrumentalen, welcher sich in der zweiten Hälfte dieses Satzes auch die unruhigere Bewegung des Basses aufs engste anschließt, ruft die Vorstellung vom Wiegen und Tanzen wach. — Bei der letzten Note des Erlkönigs tritt in der Oberstimme des Instrumentes wieder die heftige Triolenbewegung ein. Abermals tönt uns aus dem nächtlichen Graus der Angstschrei des Knaben in derselben Form und denselben Intervallen, wie vorhin, entgegen; — dieses Mal einen Schlußfall nach Cis moll machend. Bei den Worten:

„Mein Sohn, mein Sohn" 2c.

finden wir die Oberstimme des Instrumentes, wie früher bei ähnlicher Stelle sich zwei Takte auf demselben Ton (hier cis) bewegend. — Es ist als überlegte der Vater, wie er den Sohn beruhige. Mit den Worten:

„ich seh' es genau,"

den Gegenstand des Schreckens seines Kindes gefunden zu haben vermeinend, wendet er sich durch die Dominant nach D moll und macht bei den Worten:

„Es scheinen die alten Weiden so grau,"

einen Ganzschluß nach D moll, wobei jenes oben erwähnte cis zum Leitton jener Tonart wird. In jenem Tone (D moll) wähnt der Vater das Kind beruhigt. Der Dämon erfaßt aber dieſen Ton und leitet mit demselben zu den Worten:

„Ich liebe dich, mich reizt deine schöne Gestalt,"

nach dem höher gelegenen Es dur über, um bei den Worten:

„Und bist du nicht willig, so brauch' ich Gewalt."

durch zwei verminderte Septimen-Accorde einen Ganzschluß nach D moll zu machen. — Schubert läßt den Knaben somit vom Geschick in eben der Sphäre erreicht werden, in welcher der Vater ihn völlig sicher und beruhigt glaubte. — Noch einmal hören wir im verstärkten *ff.* und in einer höheren Tonlage den Angstschrei des Knaben, welchem dies Mal nicht, wie früher, der erwähnte chromatische Terzengang folgt, — sondern der letzte Todesschrei des Kindes und zwar in einer entschiedenen Wendung zum Hauptton. —

Die Elemente toben nun mit gesteigerter Wuth; jene hastige, wilde Triolenbewegung ergreift auch den Baß des Instrumentalen; auch der Vater wird mit in das Grausen hineingerissen, und wendet alle Kräfte an, um das schützende Dach zu erreichen: trefflich geschildert durch die während der Pausen der Singstimme in viertel Noten aufsteigende Baßfigur. — Das Ziel seines Strebens erreicht, glaubt der Vater sich und das Kind geborgen! — Den Schluß der ganzen Dichtung ahnen lassend greift Schubert an jener Stelle den As dur-Accord, abschließend mit dem Sexten-Accorde im *pp.* In dem Umfang jener Tonart liegen nach dem phantasievollen Dichter Schubart — Tod, Grab und Ewigkeit. — Das war kein Ritt nach einem traulichen, schützenden Daheim — es war ein Ritt zum Grabe. —

Ein Recitativ erzählt uns alsdann, wie der Vater in

seinen Armen das Kind tobt fand. Eine Pause, durch eine Fermate accentuirt, in der Singstimme den sprachlosen Schmerz des Vaters andeutend, wird im Instrumentalen durch einen verminderten Septimen=Accord treffend gedeutet. — Indem der Meister dann vom Grundton dieses Accordes einen halben Ton aufwärts in die Dominante des Haupttons geht, schließt er mit den kurz und hart angeschlagenen Accorden der Dominant und Tonika das Ganze ab. — Es ist Schubert's Erstlingswerk unter den Goethe=Liedern, welches wir im Erlkönige bewundern. — Der Erlkönig, bereits zu Ende des Jahres 1815 componirt, ward eines der beliebtesten und verbreitetsten Werke des Meisters und das erste, welches seinen Ruf als Liedermeister feststellte. — Der „Erlkönig," zur Hälfte in Gegenwart von Joseph von Spaun, eines Freundes von Schubert, in der kurzen Zeit geschrieben, welche zur Vollbringung der mechanischen Arbeit erforderlich war, ist an Reichthum, Präcision, Tiefe und Wirkung ein wunderbares Werk. Auch der Altmeister Goethe ward tief erregt, als ihm Wilhelmine Schröder die Schubert'sche Musik in all ihrer Pracht erschloß, und sagte: „So ist mir die Musik, die sehr schön klingt, auch vollkommen verständlich." Der Sänger Vogl errang, wie die Schröder=Devrient mit dem Erlkönig große Erfolge; aber erst im Jahre 1821 ward der Erlkönig als Opus I bei Cappi und Diabelli im Stich veröffentlicht und in einer „Akademie" auf dem Kärnthner=Thor=Theater in Wien aufgeführt. —

Der Verfasser dieser Blätter schließt mit dem „Erl-

könige" das erste Heft der Schubert'schen Goethe-
Lieder und hofft, daß es ihm beschieden sein möge, auch
den noch übrigen Schatz der Schubert'schen Muse,
welche sich mit den Meistergebilden Goethe's vermählte,
den Lesern näher ans Herz zu legen.

Druck von Otto Wigand in Leipzig.

Verlag von Fr. Bartholomäus in Erfurt.

Dem Kaiser!

Deutsche Dichter-Gaben.

Herausgegeben

von

Paul Lindenberg.

Preis 2 Mark.

Kaum ein Fürstenleben hat so viele bedeutsame Momente, welche die dichterische Begeisterung entfacht, welche durch die einfache Wirkung der bloßen geschichtlichen Thatsachen so sehr die höchsten und edelsten Gefühlsregungen hervorgerufen, daß dadurch die Liebe zu der Person, um welche sie sich gruppiren, seitens des ganzen Volkes eine immer innigere geworden, wie dasjenige unseres greisen Heldenkaisers. Daher ist schon eine ganz stattliche Anzahl von Dichtungen entstanden, die ihm direkt und indirekt gewidmet sind, Denkmale der Liebe und Verehrung, geschichtliche Marksteine, die einmal späteren Geschlechtern Zeugniß ablegen werden von den großen Bahnen, die Deutschland unter diesem Heldenkaiser gewandelt. Aus all' diesen Gedichten ist die oben angekündigte Sammlung von Paul Lindenberg eine Auswahl solcher, die sich fast alle ganz direkt auf die Person unseres Kaisers beziehen und die, was die dichterische Form, den gedanklichen Inhalt und die Wärme des Gefühls betrifft, meist zu den besten dieser patriotischen Dichterblumen gehören. Namen, wie Bodenstedt, Dahn, Geibel, der allein mit vier Gedichten vertreten ist, Gottschall, Emil Rittershaus, Wolff bürgen schon dafür, welchen Maßstab der Herausgeber angelegt und was darzubieten er sich vorgesetzt. So wird diese Anthologie, die, ihrem Titel nach, zunächst dem Kaiser gewidmet ist, auch dem deutschen Volke eine willkommene Dichtergabe sein.

Kaiser-Lieder.

Gedichte und Prologe

zu Ehren Sr. Majestät des Kaisers Wilhelm

von

Moritz Blanckarts.

Preis: 60 Pf.

Verlag von **Fr. Bartholomäus** in Erfurt.

→✳ Zweite Auflage. ✳←

Miniatur-Tanz-Album

(12 vollständige Tänze auf 67 Seiten)

von

Edmund Bartholomäus.

Miniatur-Notendruck mit farbiger Einfassung.

Titel in Farbendruck nach einem Aquarell

von

L. Freiesleben,
Maler in Weimar.

Einband (hochelegant) mit Goldschnitt und gepreßtem Mosaik
von J. R. Herzog in Leipzig.

Preis 4 Mark.

Dieses in jeder Hinsicht brillant ausgestattete Album mit den beliebtesten Tanz-Compositionen von **Edmund Bartholomäus** dürfte als willkommene Gabe zu Geburtstagen, als Vielliebchen, sowie als Weihnachts- und Neujahrsgeschenk zu empfehlen sein.

Die erste Auflage war binnen wenigen Monaten vollständig vergriffen. Die neue (zweite) Auflage zeichnet sich durch erhöhte Eleganz vortheilhaft aus.

Verlag von Fr. Bartholomäus in Erfurt.

Verbindender Text
zu
Schubert's Müller-Liedern
von
Moritz Horn
(Verfasser der Pilgerfahrt der Rose).
Preis 75 Pf.
Bei Entnahme größerer Posten dieses Textbuches für Gesangvereine tritt eine Preisermäßigung nach vorheriger Verabredung ein.

Inhalt:
I. Theil. **Des Müllers Lust.** 1. Wanderschaft. 2. Wohin? 3. Halt!
II. Theil. **Des Müllers Leid.** 4. Die böse Farbe. 5. Trockne Blumen. 6. Der Müller und der Bach.

Ein
Sommernachtstraum
von
O. L. B. Wolff
(Verfasser des „poetischen Hausschatzes der Deutschen").
Verbindendes Gedicht
für
Felix Mendelssohns Composition gleichen Namens.
Zu Concertvorträgen bestimmt.
Preis 75 Pf.
In Partien als Textbuch für die Mitglieder von Musikvereinen billiger.

Verlag von **Fr. Bartholomäus** in Erfurt.

Blumen und Lieder.

Eine musikalische Blumen-Sprache

von

Elise Polko.

eleg. in Prachtband geb. M. 1,60.

Elise Polko, die Lieblingsdichterin der deutschen Frauenwelt, bietet in diesem duftigen Blumenstrauß namentlich jungen Mädchen eine sinnige Blumenlese der lyrischen Poesie unserer neueren Dichterwelt.

Der Inhalt ist alphabetisch geordnet nach den Blumennamen; unter jedem steht die Bedeutung der Blumen in kurzen Worten: eine jede ist aber auch begleitet von einem Dichterworte, welches die Deutung in poetischer Form, wo es angeht, auch mit liebenswürdigem Humor wiedergibt. Nicht bloß der Name des Dichters ist jedesmal beigefügt, sondern auch der des Componisten, was namentlich den musikalischen jungen Damen höchst willkommen sein wird.

Für eine geschmackvolle Ausstattung des Büchleins hat die Verlagsbuchhandlung nach jeder Seite hin Sorge getragen und die früher von derselben herausgegebenen „Fenella, Fächersprache," Preis 50 Pf., und „Hessener, neckische Tanzgespräche," Preis 1 Mark, noch übertroffen.

Polko, Blumensprache, wird ohne Zweifel, gleich den beiden vorgenannten Werkchen, bald das beliebteste Vielliebchen-, Geburtstags-, Weihnachts- und Damengeschenk bilden.

Taschen-Liederbuch

von

Edmund Wallner.

Enthaltend:

470 der besten und beliebtesten Volks-, Studenten, Jäger-, Soldaten-, Liebes-, Trink-, Gesellschafts- und Opern-Lieder, versehen mit Angabe der Dichter, Componisten und Tonarten, nebst einem Anhange von Toasten. 115. Auflage. Elegant cartonnirt mit rothem Leinwandrücken.

Preis: 1 Mark.

Verlag von **Fr. Bartholomäus** in Erfurt.

Das Buch der Prologe

Sammlung

von

Prologen und Epilogen

für

festliche Gelegenheiten.

Gesammelt und herausgegeben

von

Edmund Wallner.

━━ Preis 2 Mark. ━━

Ein Werk, das namentlich Vorstehern von Vereinen und solchen willkommen sein wird, welche bei Festlichkeiten aller Art zur Mitwirkung herangezogen werden. Auch für Lehrer- und Schülerbibliotheken eine willkommene Gabe.

Zwanzig Prologe

zu

Kaisers Geburtstag — Kronprinz des deutschen Reichs — Friedensfeier — Sedan — Stiftungsfest etc.

von

Moritz Blanckarts.

━━ Preis: 1 Mark. ━━

Verlag von **Fr. Bartholomäus** in Erfurt.

Empfehlenswerthe
Musikalien für Gesang
für Sopran und Tenor
von
Edmund Bartholomäus.

Op. 8.: **Herzenswunsch**, Lied von E. M. Oettinger. Für Sopran oder Tenor. — Preis 75 Pf.

Op. 7.: **Der Fischer**, Ballade von Göthe. Für Sopran oder Tenor. — Preis 1 M. 25 Pf.

Die Kritik äußert sich in folgenden Worten über den Werth obiger Tonwerke:

Op. 8.: „**Herzenswunsch**" klingt an wie ein Mozart'sches Lied, so lieblich und einfach ist seine zweiperiodige Melodie; wer sie einmal in sich aufgenommen, dem wird sie lange wohlthuend in Herz und Ohr nachklingen. Zugleich liefert das Lied den Beweis, daß auch mit wenigen Accordfolgen sich etwas machen läßt, ganz im Gegensatz zu so vielen anderen neuen Lieder=Compositionen, die nach Kreuz und Quer, selbst im kurzen Liede von wenigen Takten herumfahren, ohne auch nur eine Spur von sangbarer Melodie zu erzielen.

Op. 8.: „**Der Fischer**" ist als Ballade natürlich größer angelegt, bewegt sich aber gleichwohl in den einfachsten Weisen und klangvollsten Melodien. Im 9/8 Tact entwickelt sich die Handlung der Ballade und zwar in ungesuchter aber passiger, der Situation aber passiger, angepaßter Malerei. Ein Zwischensatz im 3/4 Tacte (Andante) enthält die klagende und verführerische Ansprache der Nymphe an den Fischer; sie kennzeichnet in der unruhig pochenden Clavierbegleitung der Beiden Seelenzustand und muß, falls diese Begleitung des Claviers durch die Pedalharfe ausgeführt wird, noch mehr an Reiz und Wahrheit gewinnen. Gut vorgetragen, wird die Ballade stets von großer Wirkung sein, deshalb sei sie dem geschulten Sopran und Tenor dringend empfohlen. **Dr. M.**

Op. 40.: **Wär' ich ein Vöglein auf grünem Zweig**, Gedicht von Margarethe Diehl. Für Sopran. — Preis 1 Mark.

Namentlich für Coloratur=Sängerinnen empfehlenswerth, daher auch als Concert=Arie mit Erfolg zu verwenden.

Op. 21.: **Ich bat sie um die Rose.** Lied für Sopran oder Tenor, eingelegt in das Lustspiel „am Clavier" von Grandjean.

[Einzel=Abdruck aus dem Payne'schen Pracht=Album für Theater und Musik.] — Preis 50 Pf.

Verlag von **Fr. Bartholomäus** in Erfurt.

Das
Herzoglich Meiningen'sche Hoftheater
und
die Bühnenreform.
von
Robert Prölß.
Preis 60 Pf.

Die Breslauer Zeitung beurtheilt dieses Buch folgendermaßen: „Das vorliegende geistvoll geschriebene Büchlein gewinnt für uns im gegenwärtigen Augenblicke, wo wir die treffliche Meininger Künstlerschaft in unserer Mitte wirken sehen, erhöhte Bedeutung. Der Verfasser entwickelt in klarer, sachlicher Weise, fern von übertriebener Lobhudelei, die Vorzüge des an der Meininger Bühne herrschenden Kunstprinzips und seine Bedeutung für eine Reform unseres deutschen Theaters, er widerlegt die meist von Neid oder Unverstand gegen die Meininger erhobenen Vorwürfe und giebt ein anschauliches Bild ihrer Thätigkeit, welche es ermöglichte, bedeutendere Bühnenwerke zu einer lebensvoll frischen, allgemein fesselnden und ergreifenden Darstellung zu bringen und sogar die Leistungen der großen, in Einzelheiten das Meininger Theater weit übertreffenden Bühnen völlig in Schatten zu stellen. Zum Schlusse seiner Schrift spricht sich der Verfasser über die Theaterreform aus. Mit Recht verspricht er sich von den wiederholt angeregten Theaterschulen nur dann ein gedeihliches Resultat, wenn dieselben mit einem gut geleiteten Theater in Verbindung gebracht würden, um so die nöthige Wechselwirkung zwischen Theorie und Praxis herzustellen; hierzu aber wären die Hoftheater in erster Linie berufen. Die Meininger haben den Anstoß zu einer heilsamen Reform gegeben, mögen die übrigen Hoftheater und der Staat das Ihrige thun, diese Reform in weitesten Kreisen durchzuführen!

Außerdem widmen der obigen Broschüre noch lobende Besprechung:

Das Halle'sche Tageblatt. — Halle'sche Ztg. — Bonner Ztg. — Deutsche Monatsblätter. — Europa. — Berliner Musikzeitung. — Schles. Ztg. — Deutsche Romanzeitung. — Viktoria ꝛc. ꝛc.

Verlag von **Fr. Bartholomäus** in Erfurt.

Weinlieder und Sprüche

gesammelt und herausgegeben
von
Ludwig Lorbach.
Preis eleg. brosch.: 1 Mark.

Es ist dies eine Sammlung fröhlicher Weinlieder und kerniger Sinnsprüche von den verschiedensten Autoren.

In allen diesen Liedern ist ein glücklicher stimmungsvoller Ton getroffen, während die Sinnsprüche mit lachendem Munde goldene Lebensweisheit lehren.

Das Büchlein hat eine sehr ansprechende Ausstattung erhalten und wird allen fröhlichen Zechern eine willkommene Gabe sein.

Deutscher
Spruchschatz.

Sammlung alter und neuer Reimsprüche
für
Geist und Herz, Ernst und Scherz.

Insbesondere:
zur sinnig-künstlerischen Zierde für Haus und Wand, für Fries und Thür, Hausrath und Waffen, Schmuck und Buch, als Spruchband und als Stammbuchspruch für Bauherren, Architekten, Maler, Bildhauer und Kunsthandwerker
von
Ernst Rommel.
Preis: elegant geb. 5 Mark.

Dieses alte berühmte Buch, das von der gesammten Presse außerordentlich günstig beurtheilt wurde, sei besonders als Geschenkswerk zum Geburts- und Weihnachtsfest empfohlen.

Druck von Fr. Bartholomäus in Erfurt.